跨国公司在华营销史话

（清末—中华民国）

宁德煌　张晓霞　著

2020 年度云南省研究生优质课程建设项目《营销管理》（MBA）

云南出版集团
云南科技出版社
·昆明·

图书在版编目（CIP）数据

跨国公司在华营销史话：清末－中华民国 / 宁德煌，张晓霞著. -- 昆明：云南科技出版社，2021.4

ISBN 978-7-5587-3278-2

Ⅰ. ①跨… Ⅱ. ①宁… ②张… Ⅲ. ①跨国公司－营销管理－企业史－中国－近代 Ⅳ. ① F279.247

中国版本图书馆 CIP 数据核字 (2021) 第 060338 号

跨国公司在华营销史话（清末—中华民国）
KUAGUO GONGSI ZAIHUA YINGXIAO SHIHUA (QINGMO—ZHONGHUAMINGUO)

宁德煌　张晓霞　著

责任编辑：王　韬
封面设计：王维佳
责任校对：张舒园
责任印制：蒋丽芬

书　　号：ISBN 978-7-5587-3278-2
印　　刷：昆明瑆煋印务有限公司
开　　本：787mm × 1092mm　1/16
印　　张：11.125
字　　数：260 千字
版　　次：2021 年 4 月第 1 版
印　　次：2021 年 4 月第 1 次印刷
定　　价：45.00 元

出版发行：云南出版集团　云南科技出版社
地　　址：昆明市环城西路 609 号
网　　址：http://www.ynkjph.com/
电　　话：0871-64190889

目录
CONTENTS

第一章
知彼知己、百战不殆

市场营销的任务就是识别并满足人类和社会的需要。市场营销（Marketing）是一个有利益地满足顾客需要的过程。

市场营销过程也是一个价值创造和传递过程。市场营销过程始于产品开发以前，行于产品开发之中，在产品销售之后还应延续。

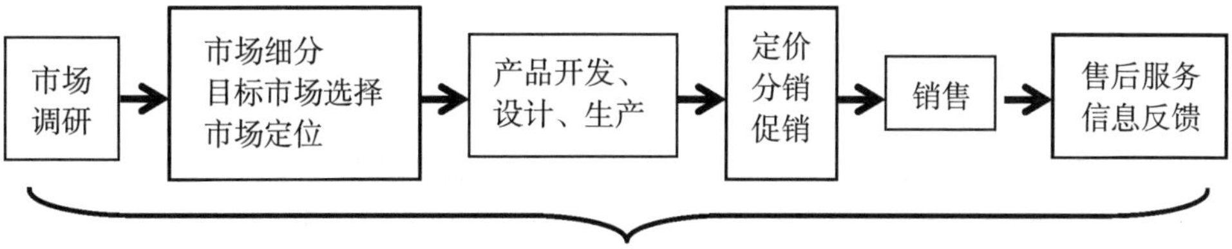

市场营销过程

市场调研是公司市场营销的起点，它始于公司还没有生产任何产品之前。一个公司在其市场营销活动中，需要做出各种不同的决策，例如：生产什么产品？顾客在购买某一产品时，他们的实际需要是什么？顾客希望得到什么利益？如何满足顾客的需求？某种新产品是否应该开发？公司的竞争对手是谁？如何在激烈的市场竞争中立于不败之地？等等。所有这些问题都需要通过市场营销调研来解决。

《孙子兵法》中有一句军事史上的至理名言："知彼知己者，百战不殆；不知彼而知己，一胜一负；不知彼，不知己，每战必殆。" 意思是说，在战争中，了解敌人又了解自己，百战都不会失败；不了解敌人而了解自己，胜败的可能性各半；既不了解敌人，又不了解自己，那就每战必败。商场如战场，市场调研就是"知彼""知己"的开门钥匙。

市场调研的定义，有狭义的市场调研和广义的市场调研两种。

狭义的市场调研（Market Research），即传统的市场调研，主要是针对消费者所做的调研，即以公司具体产品的消费者为对象，以科学方法搜集消费者购买以及使用产品的事实、意见、动机等有关资料，并进行分析研究的手段。

广义的市场调研（Marketing Research），即市场营销调研，其调研对象扩大了，除了对消费者进行调研以外，还要对公司的市场营销环境和市场营销状况进行调查。

市场调研的目的：不仅在于通过调研发现公司市场营销中存在的问题，找出解决问题的方法；更重要的是，通过市场调研为公司找到更好的市场营销机会（即生存发展机会）。

市场调研的内容包括：国内外市场环境调查（政治法律环境、经济环境、人口环境和社会文化环境）、技术发展调查、市场需求容量调查、客户和客户购买行为调查、竞争情况调查、公司市场营销组合策略（4P's）及其实施效果调查等六个方面。

市场营销调研的方法：间接调查和直接调查。在市场营销调研过程中，我们首先要考虑采用间接调查去获取第二手资料，这样可以节省人力、物力和财力；如果通过间接调查获取的第二手资料不能为营销决策提供足够的信息，那么我们就要考虑采用直接调查去获取第一手资料。

市场调研的数据来源，如下图所示。

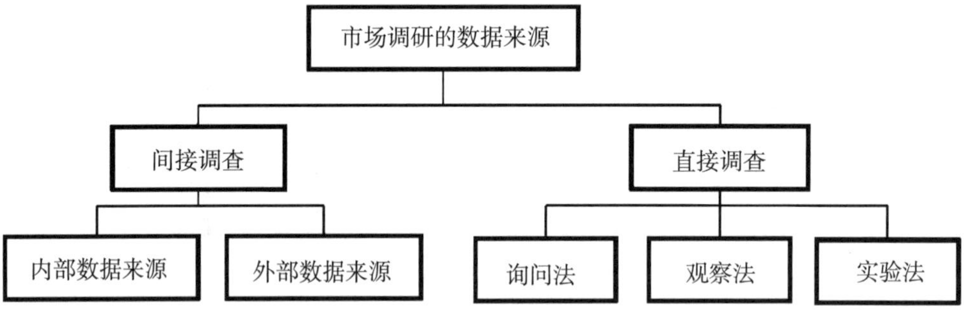

市场调研的数据来源图

一个有效的市场调研过程应当包括下列六个步骤：

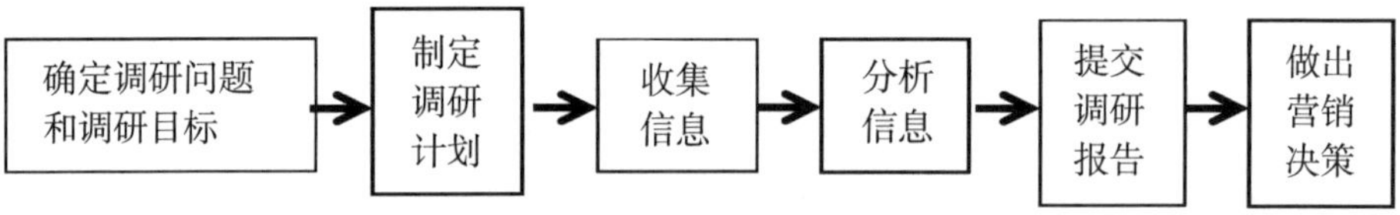

市场调研过程图

国际市场营销（International Marketing）是指公司为了获取利润而面向一个以上的国家就产品或服务进行计划、定价、促销和分销的商业活动。国际市场调研和国内市场调研的目的相同。但是，由于国际市场营销和国内市场营销实施营销计划的环境不同，国际市场调研应该更多关注东道国市场环境，如文化、经济、政治、宗教、法律和法规等。

顾客导向的市场调研是跨国公司正确决策的先导。跨国公司实施本土化战略必须建立在对东道国市场充分调研的基础上。几乎所有的跨国公司都注重对中国市场相关信息的收集工作，它们营销战略不断推陈出新的背后是强大的市场信息和需求调查，从中辨别和发现市场机会。

重视市场调研活动是跨国公司在华营销的一大特色，也是跨国公司实现中国本土化适应的重要前提。

1. 英美烟草公司在华积极开展市场调研

英美烟草公司（British-American Tobacco Co. Ltd.(London), 简称 BAT）于 1902 年 9 月 29 日在英国伦敦正式成立，主要由英国帝国烟草公司、美国烟草公司、奥格登公司、统一烟草公司、大陆烟草公司和美国雪茄公司等六大英、美烟草公司共同出资组成的。首任董事长为美国烟草大王杜克（James B. Duke）（1856—1925）。1903 年，英美烟公司在上海设立子公司。1919 年 2 月 27 日，驻华英美烟公司（British-American Tobacco Co. Ltd.(China)）在上海成立。

英美烟公司首任董事长杜克（James B. Duke）

2020 年，英国的英美烟草集团（BRITISH AMERICAN TOBACCO）位列《财富》世界 500 强排行第 379 位。

英美烟公司进入中国市场之后，十分重视商业情报的调研，通过对商业情报的分析和利用，加深了对陌生的中国社会和市场的了解。

（1）高度重视对中国市场环境调研

文化适应是跨国公司所面临的最富挑战性、最重要的任务。英美烟公司在近代中国也同样面临文化适应的问题。对于初次进入中国的英美烟公司来说，如果要想了解中国市场，它首先就必须调查了解中国的市场环境，如中国的文化、经济、政治、宗教、法律和法规等。

英美烟公司对中国各地的文化习俗、风土人情、地方社会关系等信息表现出浓厚的兴趣。为扩大中国内地市场做准备，英美烟公司以上海总部为据点，经常派人去内地旅行，去同各地的大商人发生关系，试图全面掌握内地的社会状况。在英美烟公司工作过的许多外籍管理人员几乎都有丰富的中国内地旅行经历，都熟悉中国各地的政治经济形势和风俗习惯。除了公司直接调查以外，分布在各地的英美烟公司代理商也十分重视对地方社会信息的搜集。例如：英美烟公司驻山东诸城种烟区的一个经理，他用卡片详细统计了历年来当地的物产、风土、人口、灾害、疾病等，尤其是还调查了当地官员的家庭情况、特点，各种地方势力的关系等。经过十几年的时间，英美烟公司逐步建成一个广泛深入中国社会底层的销售网络，烟草销售人员每到一个地方，除去卖烟的基本任务外，还要详细调查当地的地形、河流、山脉、人口、风俗、土产、距离和位置等，然后记录成文，绘制成图。英美烟公司通过它遍及各地的销售网络，就可以掌握中国村镇、省市、全国的相关商业情报。这样全面详尽的情报搜集对于英美烟公司的经营决策有着重要的意义。

由于中国各地经济发展水平和人们生活习惯的千差万别，英美烟公司非常注意调查中国各地的物产、各地消费者的嗜好等等，搜集各地的经济情报，以促进对当地市场的了解和判断市场规模，为英美烟公司制定因地制宜的营销计划提供情报依据。

（2）加强对中国竞争对手情报信息的调研

面对竞争十分激烈的中国烟草市场，英美烟公司还密切关注竞争对手的每一点动向。1912 年英美烟公司主动加强对竞争者情报信息的调查，专门设置“敌牌部”，由上海总部直接领导，负责调查竞争对手的各种情报信息。例如：卷烟品牌、产地、包装、定价、分销渠道、促销手段和方法、每日销售量等等。

英美烟公司不仅着力于商业情报的搜集，还十分重视商业情报的利用。在市场竞争中，英美烟公司非常善于利用情报。例如：英美烟公司天津敌牌部的工作人员就经常在车站，通过向货运站长、货运员行贿的办法，取得南洋兄弟烟草公司来货、转运的数据资料。对于南洋兄弟烟草公司来货多少，在天津卸下多少，转运别处多少，在天津有谁经销，分销到哪些代销店，每天卖出多少等，敌牌部对这些细节都要逐一记录。由于有了这样详尽的情报支持，英美烟公司就针对南洋兄弟烟草公司在天津畅销的“大爱国”牌香烟进行打击。英美烟公司生产出装饰、颜色、图案设计与之差不多的香烟，以“大中国”的品牌在天津市场推销，价钱比“大爱国”牌香烟还要便宜，直到把“大爱国”打击到滞销为止。

在上海、天津等华商烟厂集中的城市，英美烟公司派出许多侦探深入华商烟厂，刺探工厂的生产计划、人事变动、每天开工人数、生产牌子、产品质量和数量等情报，此类情报活动效果显著，英美烟公司的做法使得竞争对手没有立足或发展势力的机会。

（3）实行严格的商业情报保密制度

鉴于商业情报的机密性和重要性，英美烟公司还实行严格的商业情报保密制度。英美烟公司地方负责人就有关事务同上海总公司进行通信时，则采取极端的保密制度，用密码电报或其他方式进行，而密码本仅地方负责人才有，故英美烟公司内部情况其他任何人无从知晓，并且密码电报及其译文阅读后要立即销毁。根据规定，必须经过这样手续的重要事项是：有关英美烟公司各段以上的全部市场操纵问题，向烟叶公司领取烟叶量及价款的数额，对各区段销售的品种、数量及其价格，生产各种香烟的烟叶搭配和湿度等问题。

不同行业的跨国公司在市场调查内容上各有侧重。英美烟公司等卷烟企业则更关注中国民众的吸烟习惯和社会习俗等。

（资料来源：https://www.bat.com/group/sites/uk__9d9kcy.nsf/vwPagesWebLive/DO52ADGE；上海社会科学院经济研究所．英美烟公司在华企业资料汇编（第一册、第二册）．北京：中华书局，1983；王强．近代外国在华企业本土化研究：以英美烟公司为中心的考察．上海：上海人民出版社，2012：179-190，260）

2. 亚细亚火油公司在华市场调研内容广泛

亚细亚火油公司（The Asiatic Petroleum Company）于1903年6月29日在伦敦注册成立，它是由英国壳牌运输贸易有限公司和荷兰皇家石油公司共同出资创办。

实际上，早在1894年，英国壳牌运输贸易有限公司便已开始把煤油输入中国上海。当时，石油的主要产品煤油用于照明燃料，一般中国人把石油又称为“火油”。也是在1894年，荷兰皇家石油公司开始从荷属东印度群岛向中国出口“Crown”牌（时译“僧帽牌”）煤油。随着双方共同利益的增加，英国壳牌运输贸易有限公司和荷兰皇家石油公司同意共同出资创办一个销售公司，负责远东地区的业务。

1907年，英国壳牌运输贸易有限公司和荷兰皇家石油公司等两家公司又合并成现在的荷兰皇家壳牌集团(Royal Dutch Shell Group)（以下简称“壳牌”）。

2020年，荷兰皇家壳牌石油公司（ROYAL DUTCH SHELL）公司位列《财富》世界500强排行第5位。

亚细亚火油公司在华市场调研的内容无所不包，涉及到中国地方社会的方方面面。在亚细亚火油公司内部发行的《石油手册》中，它要求公司各地职员应留意搜集“当地知识”：“到达目的地，无论你干什么工作，你就有机会取得当地知识，而你就应该学习有关这个国家和它的居民。你要知道我们的业务将会是你直接或间接地和这个国家的各个阶层、各种行业、工业和农业发生接触……你也应当了解当地民众的特质，他们喜欢什么和不喜欢什么，以免有伤他们的感情……你必须知道这个国家有什么特别的工业，它的一般商业的主要状况，你也要密切注意这个国家的交通：走汽车的路、走电船的水道和可以航行装有柴油发动机的轮船的河道、它的铁路和任何航空事业的发展。你应当乘你早期的训练来取得有关这个国家和它的人民的知识，在整个工作生活中，你应当时时掌握最新的资料。”

从上论述中我们可以看出，作为亚细亚火油公司职员，须留意的“地方知识”涉及“各个阶层、各种行业、工业和农业”，也应当了解“当地民众的特质，他们喜欢什么和不喜欢什么”，及其“工业、商业、交通的主要状况”。很显然，亚细亚火油公司的目的在于督促职员对地方商业、文化等一切社会信息的“留意”，更快地融入地方社会中去。

不同行业的跨国公司在市场调研内容上各有侧重。亚细亚火油公司侧重于中国地方工矿企业用油单位情况及产品相关情况调查。

（资料来源：https://www.shell.com.cn/zh_cn/about-us/who-we-are/shell-china-history/anniversary-of-major-events/become-attached-to-the-east.html；https://www.shell.com.cn/zh_cn/about-us/who-we-are/shell-china-history.html；王强.近代外国在华企业本土化研究：以英美烟公司为中心的考察.上海：上海人民出版社，2012：259-260；王强.近代外国在华企业商业情报活动初探——以英美烟公司为中心的考察.社会科学辑刊，2013(1):164-166）

3. 德士古石油公司要求销售人员掌握中国顾客全面信息

德士古石油公司（Texaco Petroleum Company）于1902年在美国得克萨斯州的休斯敦成立。2001年10月9日，美国德士古公司（Texaco）与雪佛龙公司（Chevron）合并称为“雪佛龙—德士古公司”（Chevron Texaco），2005年5月9日，雪佛龙—德士古公司宣布，更名为雪佛龙公司（Chevron Corporation）。

2020年，美国雪佛龙公司位列《财富》世界500强排行第36位。

1913年，德士古公司在上海设立远东代表处，自行经销煤油。随着德士古公司在华石油销售量的增加，1929年纽约总公司拨款500万美元，将其上海的公司扩大为德士古中国股份有限公司（Texas Co.[China],Ltd.），并在中国各城市兴建油栈。

德士古公司为了多做生意多赚钱，还常常训练营业部的职员怎样去做生意。德士古公司发给营业部的职员每人一本《地方手册》，手册的扉页上就印有一条“一切为了公司的利益”的口号，手册里面是介绍本地区各经销机构的情况、所销售的各类油料和石油产品的规格和价格，本地区的厂、矿、公司以及用油、购油的机关单位名称和情况简介，并附有做生意时应注意的事项，如“态度要和蔼，价钱要公道，货色要地道，服务要周到，”等等。要求每个职员要认真阅读，掌握情况，做好生意。

公司经理有时还召集职员开会，讲解如何做好生意，要求每个职员要懂得商业心理，精通生意经例如：到顾客特别是一些主要顾客的家里去洽谈生意时，必须做到“掌握情况，选择时机，诱导发问，洽谈简练”四点。即事先要了解顾客缺少哪些，想买些什么，弄清顾客的需求，然后对症下药，投其所需；洽谈业务时，要选择顾客比较空闲的时间，特别是心情愉快的时刻，这样容易谈得拢，才能做成生意；与顾客洽谈时，要想方设法将顾客引到话题上来，让顾客自己说出想买哪些油料，需要多少数量，不要先谈公司里有些什么货物可以出售，从而争取主动，讨价还价；与顾客洽谈生意的时间不要太长，以免顾客厌烦，下次不愿再谈，谈话必须精练、简要、明确，要拣顾客喜欢的、感兴趣的事谈，不喜欢的，甚至是有顾忌的事，坚决不谈。为此，掌握信息、了解情况是营业员最重要的任务。营业员平时必须对顾客要有一个比较充分的全面了解，公司常要求营业员以请客送礼等方法去拉拢顾客的秘书、会计等下属，以了解顾客的经营和需求情况；常常去顾客家，以送小费等小恩小惠的方式，接近他们的厨师、司机、佣人等，以掌握顾客的日常动态、生活规律乃至家庭琐事；对于顾客的夫人、姨太太、少爷、小姐等主要家庭成员，则常常借春节、端阳、中秋等节日以及祝贺生日、考取学校或是学校毕业等名义赠送礼品，以联络情谊，争取做好生意。每逢过年过节，公司经理还要营业员用红包送钱给用油、购油的机关单位的传达和门卫，以便洽谈生意时进出方便。公司经理经常强调“平时要烧香”“小钱必须花”。在中国市场，德士古公司花小钱正是为了赚大钱，用这些无孔不入的狡诈手段来发财致富。

（资料来源：https://www.chevron.com/about/history；https://www.chevronchina.com/about/history.aspx；郭孝义．三十年代镇扬地区的英美石油公司．民国档案，1985(2):87–88；吴翎君．美孚石油公司在中国（1870—1933）．上海：上海人民出版社，2017：170–171）

4. 美孚石油公司借助市场调研来开拓中国煤油市场

美孚石油公司（Standard Oil Company）于 1870 年 1 月 10 日由洛克菲勒（John Davison Rockefeller, 1839—1937）等人在美国创立。

洛克菲勒（John Davison Rockefeller, 1839—1937）

1911 年，美孚石油公司因为受到美国政府裁定其违反“谢尔曼反托拉斯法案”（Sherman anti-Trust Act）而被拆分成 34 家独立的公司，包括：新泽西美孚石油公司（Standard Oil Company of New Jersey, 简称 Jersey Standard）、纽约美孚石油公司（Standard Oil Company of New York，简称 Socony）和光裕油行（Vacuum Oil Company，简称 Vacuum）等。1911 年以后，美孚石油公司的中国市场仍然由纽约美孚石油公司负责。1931 年，纽约美孚石油公司和光裕油行合并为 Socony- Vacuum 公司后，美孚石油公司在亚洲的销售系统更为完备。1966 年，Socony- Vacuum 公司更名为美孚（Mobil）公司，并以美孚（Mobil）作为商标名称；1972 年，新泽西美孚石油公司更名为埃克森（Exxon）公司。1999 年 11 月 30 日，埃克森石油公司（Exxon）和美孚石油公司（Mobil）合并成为埃克森美孚公司（Exxon Mobil）。

2020 年，埃克森美孚（EXXON MOBIL）公司位列《财富》世界 500 强排行第 11 位。

美孚石油公司的英文名称是 Standard Oil Company，中文直译为“标准石油公司”，取名“标准”（Standard）是为了表示高质量、统一的质量。“美孚”（Mei-Foo）中文名称的意思是“美丽可靠”，它来自于纽约美孚石油公司产品在中国人心目中的质量象征。

早在19世纪70年代美孚石油公司创建之初，它就将市场扩展到了中国。

美孚石油公司为开发远东市场，派遣公司市场专家利比（William H. Libby）到远东进行考察。利比是一位富有经验的石油商人，也是一位杰出的商业外交家。他加入美孚石油公司后第一次重要的国外商业活动，就是受命到远东进行长达4年之久的市场调查。

大约在1882年，利比及其助手来到中国。利比在中国进行了广泛的考察，调查了各种贸易的细节，走访了几乎所有的通商口岸。在中国，他发现当地菜油的竞争、重税、内陆的货运不定期，以及零售业受到保守的商会控制等等因素阻碍了中国的煤油贸易。他还注意到，有些城市禁止煤油是由于受到花生油小贩的压力和缺乏安全便宜的油灯的结果。利比坚信“石油是文明的催生物”，也相信开发潜在市场能给美孚石油公司带来利润。回国后，利比说服美孚石油公司海外贸易处把煤油大量运入中国市场。

利比的远东之行对美孚石油公司东方市场的开拓产生了重要的影响。利比在中国时，上海和福州城内曾颁布禁用煤油灯的命令，这引起了他对安全问题的重视。他提议美孚石油公司改良提炼煤油的方法，包括从石油中过滤掉对人身安全有害的挥发油。此外，针对俄国煤油的竞争，他建议销售价格较低的次等煤油来与低廉的俄国油品竞争。最重要的是在销售策略上，他认为美孚石油公司应建立自己的中国内地经销商制度，取代自营进口商，大力宣传美孚石油公司燃料的优点，并引进适合销售的小型廉价油灯。于是，著名的美孚灯应运而生。美孚灯是一种带有玻璃罩的马口铁小油灯，经数度改良，安全性和耐用性提高，在同类产品中深受中国消费者喜爱。美孚石油公司最初通过免费赠送和廉价销售这种美孚灯，使其在中国开拓出了煤油市场。

（资料来源：https://corporate.exxonmobil.com/Company/Who-we-are/Our-history；吴翎君．美孚石油公司在中国（1870—1933）．上海：上海人民出版社，2017：3-9；陈礼军．1870—1937年外国石油公司开拓中国市场活动探析．中国石油大学学报（社会科学版），2012,28（2）：61-62）

第二章

全球思维、本土实践

市场营销学是一个普遍适用的学科，只不过营销手段和方法因国家而异，简单的原因是世界各国和各族人民彼此之间存在差异。这些差异意味着在某一个国家已经被验证成功的营销方式在另一个国家未必能够奏效。世界上，不同国家的顾客偏好、竞争者、分销渠道和传播媒介可能都不一样。

跨国公司（Multinational company, 简称 MNC）是指总部位于某个国家，但在两个或更多的国家从事经营的公司。跨国公司具有三个共同的特征：共同的所有权纽带将各分公司相连、各分公司共享资源、各分公司受总公司战略目标的统一指引。

成功的跨国公司的经营准则是：“全球思维、本土实践”（Think Global, Act Local.），这也是跨国公司的全球营销战略。跨国公司的全球化（Globalization）是指跨国公司在全球寻求市场、在全球配置生产要素或资源。跨国公司的本土化（Localization）是指跨国公司针对东道国市场的某些独特的方面所做的适应性调整，通过这种调整可以使公司保持或提高竞争优势，更好地融入东道国，从而取得跨国经营的成功。跨国公司的本土化主要表现在以下几个方面：技术研发本土化、原料采购本土化、人力资源本土化、产品本土化、销售渠道本土化和促销本土化等。本土化即“入乡随俗”，可以解决跨国公司在东道国水土不服的问题。

1. 可口可乐公司长达百年的中国市场开拓史

1886年5月8日，可口可乐公司（COCA-COLA）在美国佐治亚州亚特兰大市诞生。美国药剂师约翰·斯蒂斯·彭伯顿（John Stith Pemberton)配制出了一种由古柯叶（coca）和可乐果（kola nut）等混合而成的褐色糖浆，最早该褐色糖浆是作为药放在药店里出售的。约翰·斯蒂斯·彭伯顿把这种药叫做“Coca-Cola”（可口可乐）。后来，这种褐色糖浆配上水和二氧化碳，就成为今天风靡全球的碳酸饮料——可口可乐。

约翰・斯蒂斯・彭伯顿——可口可乐发明人

（图片来源：http://www.sohu.com/a/300088464_621010）

可口可乐在1887年获得了专利，在1893年注册了商标。至1895年，畅爽怡神的可口可乐产品遍布美国的每一个州。1899年，可口可乐公司的分销网络开始遍布全美，并于1906年开始走向世界。

2020年，美国的可口可乐（COCA-COLA）公司位列《财富》世界500强排行第335位。

大家都知道可口可乐是源自美国的百年饮料品牌，但你可能还不了解，其实早在20世纪20年代，可口可乐就已经进入中国市场，而上海更是其中最重要的销售市场之一。

1923年，罗伯特・伍德鲁夫（Robert W. Woodruff）接任美国可口可乐公司总裁。这位日后被誉为可口可乐之父的营销大王，起初并没有将中国市场看得多重要，只是试探性地与屈臣氏上海公司合作。屈臣氏上海公司原为英国医生卫德胜（A. S. Watson）在上海创办的屈臣氏药房（Watson’s），至1919年因经营不善，由创办精武体育会的广东商人郭唯一等人接盘，聘卢炜昌为总经理。经过一段时间的筹备，1920年屈臣氏汽水厂（Watson’s Mineral Water Co.）正式投产。

1924年5月1日，《申报》上刊登了屈臣氏“可口露”广告，这表明至少在1924年，可口可乐已进入中国上海市场。

1927年，可口可乐进入中国并在上海设厂生产，当时是由屈臣氏汽水公司负责装瓶。

上海屈臣氏汽水公司

（图片来源：https://www.coca-cola.com.cn/shlzpzdkkkl#）

上海的可口可乐送货车

（图片来源：https://www.coca-cola.com.cn/shlzpzdkkkl#）

1928 年上海的可口可乐售卖亭

（图片来源：https://www.coca-cola.com.cn/press-centre/image-library/20150426-press-center-image-lib-old-picture1）

1933 年，上海厂已经是可口可乐在美国之外的最大装瓶厂。

20 世纪 30 年代天津的可口可乐厂房外观

（图片来源：https://www.coca-cola.com.cn/press-centre/image-library/20150426-press-center-image-lib-old-picture4）

20 世纪 30 年代可口可乐在中国的生产线

（图片来源：https://www.coca-cola.com.cn/press-centre/image-library/20150426-press-center-image-lib-old-picture5）

1930 年的可口可乐售卖车

（图片来源：https://www.coca-cola.com.cn/press-centre/image-library/20150426-press-center-image-lib-old-picture6）

20 世纪 30 年代—40 年代上海的可口可乐送货车

（图片来源：https://www.coca-cola.com.cn/press-centre/image-library/20150426-press-center-image-lib-old-picture3）

1947 年可口可乐成为体面婚宴的饮料首选

（图片来源：https://www.coca-cola.com.cn/press-centre/image-library/20150426-press-center-image-lib-old-picture8）

1948 年上海龙华寺的可口可乐零售车

（图片来源：https://www.coca-cola.com.cn/press-centre/image-library/20150426-press-center-image-lib-old-picture7）

1948 年，可口可乐在上海这座海派城市的销量一路高歌，上海成为了第一个年销量超过 100 万标箱（2400 万瓶）的美国境外市场。那时的上海滩，在百乐门、仙乐斯这些高级舞厅和中上流社会的娱乐场所里，可口可乐的时尚身影不可或缺。

（资料来源：祝淳翔．可口可乐商标的汉译故事考 https://baijiahao.baidu.com/s?id=1641095360619686329&wfr=spider&for=pc；https://www.coca-cola.com.cn/history；https://www.coca-cola.com.cn/press-centre/image-library；https://www.coca-cola.com.cn/immersive-gallery/shlzpzdkkkl）

2. 西门子公司在中国经营始于 1872 年

德国西门子（SIEMENS）股份公司是全球领先的技术企业，创立于 1847 年，目前西门子公司业务遍及全球 200 多个国家，专注于电气化、自动化和数字化领域。

2020 年，西门子（SIEMENS）公司位列《财富》世界 500 强排行第 74 位。

西门子最早在中国开展经营活动可以追溯到公司成立 25 年之后，即 1872 年（清朝同治十一年），至今已经有 148 年的历史了。

1872 年，西门子公司在中国的第一笔订单是向中国提供指针式电报机，标志中国现代化电信事业的开端。

西门子指针式电报机（1872 年）

1879 年，西门子公司为上海港提供一台 10 马力蒸汽发电机，以提高工作效率。

西门子 10 马力蒸汽发电机（1879 年）

1899 年，西门子公司为中国提供了三项新产品或新技术，第一，西门子公司在北京建设了中国第一家发电厂，为城区照明以及电车轨道提供电力。第二，西门子公司在北京建设了中国第一辆有轨电车，穿梭于北京城外马家堡与永定门之间，别看时速只有 20 公里，但在百年前已经是世界上速度最快的交通工具之一了。它的出现，改变了中国人的出行方式。第三，西门子公司在中国安装了第一台 X 光机。

西门子在北京建设的中国第一家发电厂（1899 年）

西门子在北京建设的中国第一辆有轨电车（1899 年）

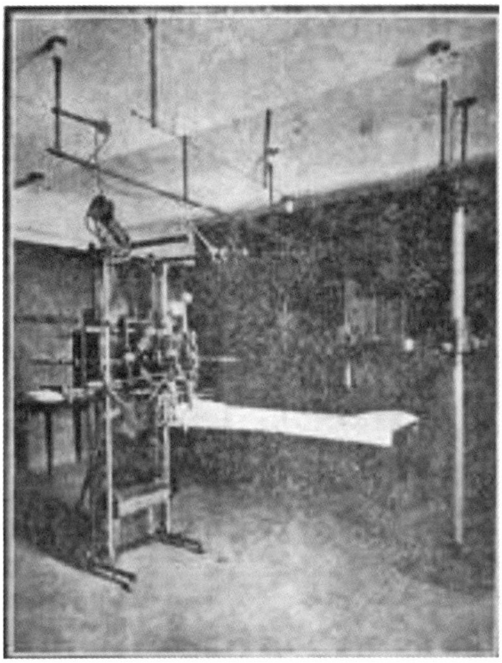

西门子在中国安装的第一台X光机（1899年）

1904年，西门子公司在华业务迅速拓展，在上海设立了第一家永久办事处。

西门子在上海设立了中国第一家永久办事处（1904年）

1910年．西门子公司在云南昆明为中国首座水电站——石龙坝水电站提供两套发电机组，至今其中一套发电机组仍可运行。

1921 年，西门子公司在山东枣庄实施中兴煤矿公司电气化工程，被称为中国第一个现代化采矿工程。

中国云南昆明石龙坝水电站西门子发电机组（1910 年）

中国山东枣庄实施中兴煤矿公司西门子电气化工程（1921 年）

（图片来源：https://new.siemens.com/cn/zh/company/about.html；http://w1.siemens.com.cn/140years/）

3. 奔驰汽车公司与中国市场结缘于 1913 年

梅赛德斯 – 奔驰（Mercedes–Benz）是世界闻名的豪华轿车品牌。

1885 年，德国人卡尔·奔驰（Karl Benz，1844 年 11 月 25 日—1929 年 4 月 4 日）发明了世界上第一辆装有汽油机的汽车（三轮汽车）。1886 年 1 月 29 日，是汽车历史上值得纪念的一天，卡尔·奔驰为该车向德国专利局申请了专利。

奔驰发明的世界上第一辆汽车（三轮汽车）（1885—1886 年）

（图片来源：https://www.daimler.com/company/tradition/company-history/1885-1886.html）

1886 年，另一位德国人戈特利布·戴姆勒（Gottlieb Daimler，1834 年 3 月 17 日—1900 年 3 月 6 日）发明了世界上第一辆四轮汽车。

戴姆勒发明的世界上第一辆四轮汽车（1886 年）

（图片来源：https://www.sohu.com/a/168857126_99905477）

1883 年，卡尔·奔驰建立了奔驰汽车公司；1890 年，戈特利布·戴姆勒建立了戴姆勒汽车公司。1926 年，戴姆勒公司与奔驰公司合并成立了戴姆勒－奔驰汽车公司（Mercedes-Benz），以梅赛德斯－奔驰命名的汽车，是高质量、高性能的汽车产品最完美的代表。除了豪华轿车外，奔驰公司还是世界上最著名的大客车和重型载重汽车的生产厂家。目前，梅赛德斯－奔驰汽车公司为德国戴姆勒股份公司旗下公司。

2020年，德国戴姆勒股份公司（DAIMLER）位列《财富》世界500强排行第20位。

1913 年，奔驰汽车公司在中国山东青岛设立销售处，开始在中国销售汽车。

1921 年，广州市消防总署署长陈墨香从德国引进了 6 辆用链条传动的第一代“奔驰”消防车，更新了广州的消防设施，这批消防车性能优异，坚固耐用，使广州的消防水平从此进入了现代化阶段。遗憾的是，这批“奔驰”消防车在抗日战争期间，日军轰炸广州时全部被毁。

1936 年，筹建中的中国制造汽车公司派专家去德国考察，与梅赛德斯－奔驰汽车公司签订了技术转让合同，由梅赛德斯－奔驰汽车公司派出专家团队来中国协助建厂。合同内容还包括梅赛德斯－奔驰汽车公司向中国汽车公司提供 7000 辆载重 2.5 吨的柴油机汽车散件，在中国组装成整车。

1937 年，中国制造汽车公司成立，在梅赛德斯－奔驰汽车公司的协助下，中国组装成第一辆“奔驰”2.5 吨柴油机汽车。

民国时期，盛宣怀家族、梅兰芳、上海永安公司郭氏家族、荣毅仁家族等各界社会名流都曾拥有和使用过奔驰轿车。

（资料来源：www.daimler.com/en/；https://www.mercedes-benz.com/en/company/；三联生活周刊，2011 年增刊，总第 613 期）

4. 波音公司向中国销售飞机始于 1930 年

美国波音公司成立于 1916 年 7 月 15 日，由威廉·爱德华·波音（William Edward Boeing）（1881 年 10 月 1 日—1956 年 9 月 28 日）创建，公司原名叫做太平洋航空产品公司（Pacific Aero Products）。1917 年 4 月 26 日公司改名为波音飞机公司（Boeing Airplane Co.）。1927 年 6 月 30 日波音空运公司（Boeing Air Transport）（联合航空公司 United Airlines 的前身）成立。1929 年 2 月 1 日，波音飞机公司和空运公司（Boeing Airplane and Transport Corp.）更名为联合飞机及空运公司（United Aircraft and Transportation Corp.）。1934 年 9 月 28 日，联合飞机及空运公司又拆分成三个独立的公司：波音飞机公司（Boeing Airplane Co.）、联合飞机公司（United Aircraft Co.）和联合航空公司（United Airlines）。1961 年 5 月 21 日，波音飞机公司（Boeing Airplane Co.）正式改名为波音公司（The Boeing Company）。

波音公司第一款产品——B&W 水上飞机（1916 年）
（图片来源：http://www.boeing.com/history/products/b-and-w-seaplane.page）

2020 年，美国波音公司（BOEING）位列《财富》世界 500 强排行第 121 位。

波音公司与中国的合作关系始于 1916 年。1916 年，威廉·波音聘用来自中国的王助（Wong Tsoo）担任工程师设计波音 C 型水上飞机。

1930 年，波音公司开始通过一家设在上海的子公司向中国销售飞机。

1935 年，波音公司派飞行员朱利斯·巴尔到中国演示波音 100 型飞机。尼莫·庞塞蒂成为第一个派到中国的波音客户服务代表。他到达中国后，开箱组装了波音 281 型飞机，并培训飞行员和机械师。

（资料来源：www.boeing.com；http://www.boeing.com/resources/boeingdotcom/history/pdf/Boeing_Chronology.pdf；http://www.boeing.cn/china/inchina/）

5. 中国是英美烟公司最主要海外市场

在清末至中华民国时期（1902 年—1937 年），英美烟公司是中国卷烟业最大的外资垄断企业，它曾垄断中国卷烟市场近半个世纪。

英美烟公司成立时的主要股权所有人为美国烟草公司和英国帝国烟草公司，这两个公司为了争夺世界烟草市场曾于 19 世纪末 20 世纪初进行过激烈的烟草战。1902 年，美国烟草公司和英国帝国烟草公司为了避免两败俱伤，达成了一项后来对全球烟草产业产生巨大影响的战略协议，主要内容是双方互不在对方所在国市场上制造和销售产品，在美国和英国以外的世界其他地区，由双方联合投资组建“英美烟草公司”（BAT）统一负责生产和经营，中国即为其对外扩展市场的一个主要对象。

1902 年，英美烟草公司在伦敦成立的当年就到中国来投资设厂，它投资 21 万元，收购了上海老晋隆洋行和美国纸烟公司及其在上海浦东的烟厂，职工总数只有 170 余人，第一年销售量为 12682 箱（5 万支装）。1914 年英美烟公司选择山东潍县、安徽凤阳、河南许昌为推广美种烟叶的中心，建立了三个廉价原料基地。英美烟公司在上海、汉口、沈阳、哈尔滨、天津、青岛、香港、营口等地先后设有11个卷烟厂，6个烤烟厂，6个印刷厂，1个包装材料厂和1个机械厂。到抗日战争（1931年9月18日—1945年8月15日）前夕，英美烟公司在中国各烟厂拥有卷烟机453台，资本已经增至2.15亿元，职工总数2.5万人。1937年销售量达到111.8万箱，占该年中国全国香烟销售总量166.5万箱的67.2%。

颐中大楼（上海英美颐中烟草公司旧址）

在组织机构方面，英美烟公司于1919年正式成立驻华英美烟公司，统一管理它在中国所属企业。1934年成立颐中烟草公司（Yee Tsoong Tobacco Co. Ltd.）和颐中烟草运销公司（Yee Tsoong Tobacco Distributors Co. Ltd.），以回避中国人民抵制洋货运动的锋芒。

（资料来源：上海社会科学院经济研究所.英美烟公司在华企业资料汇编（第四册）.北京：中华书局，1983：1630—1632；中国大百科全书出版社编辑部.中国大百科全书（经济学Ⅲ）.北京：中国大百科全书出版社，1988:1170；汪熙.一个国际托拉斯在中国的历史纪录——英美烟公司在华垄断活动剖析.复旦学报（社会科学版），1983（5）：55-61；寇晓宇.旧中国跨国公司对现代企业发展战略的启示——以英美烟草公司为例.江苏商论，2005（7）：163）

6.英美烟公司“品海”牌香烟：最早引入中国的卷烟品牌

“品海”牌（PIN HEAD）香烟由英美烟公司出品，PIN HEAD英文含意是针头、钉子，PIN HEAD牌香烟到了中国，它的中文译名为“品海”。

民国时期，繁华的上海曾是民族工业的重要中心，也是中国卷烟工业重要的发源地之一。

上海地区烟草的种植历史可以追溯到明代。叶梦珠《阅世编》曾这样记载：“明崇祯之季，邑城（上海地区）有彭姓者，不知其从何所得种，种之于本地，采其叶阴干之，遂有工其事者，细切为丝，为远客贩去。”据资料考证，这位彭姓农民从外地引进烟种在上海川沙等地种植的烟叶为上海地区种植烟草之始。

1638年，明崇祯皇帝下令，凡私有兜售“淡婆姑”（tobacco烟叶、烟草的中文译名）及售予外人者，不论多寡，均斩首示众。为此，上海地区曾一度禁止种植烟叶。以后，蓟辽总督洪承畴以“辽东戍卒，嗜此若命”为由，奏请崇祯皇帝开禁，烟草禁令才得以解除。1857年到1867年间，上海王大生旱烟店、聚丰旱烟店先后在南市城隍庙地区开设多家旱烟店，至此，沪地吸烟之风日渐盛行。到 1915 年，江苏成立烟酒事务局，下设 8 个分局，其中第二分局驻在上海，管辖宝山、川沙、嘉定、太仓、崇明、启东等地的烟酒事务。

1881 年，美国人邦萨克发明了 250 支 / 分钟的现代卷烟机。美国、英国等西方国家开始大规模使用机器生产卷烟，现代卷烟工业迅速崛起。

1890 年，上海美商老晋隆洋行（Mustard & Co.Ltd.）首次将“品海”牌香烟（PIN HEAD）运入中国上海市场销售，使“品海”牌香烟成为最早引入中国的卷烟品牌。

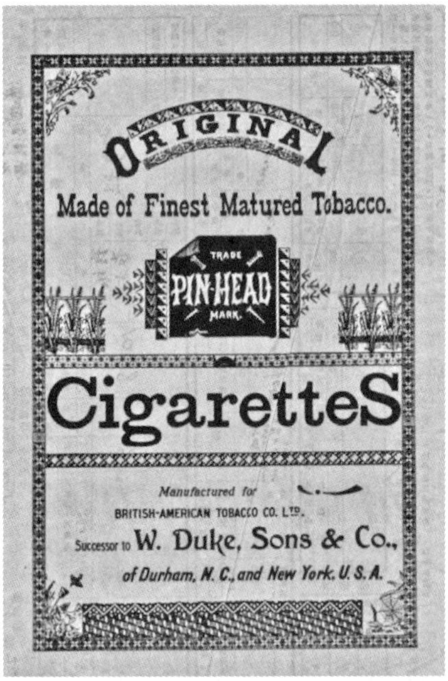

“品海”牌香烟广告之一

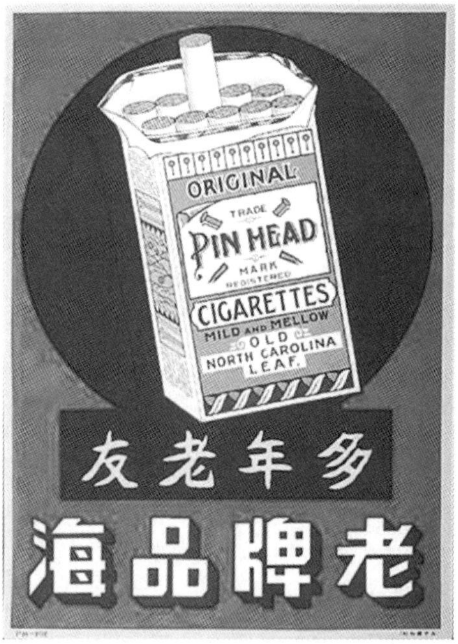

“品海”牌香烟广告之二

对于习惯吸旱烟和水烟的中国人来说，一开始对市场上出现的用白纸包卷烟丝的细长棍儿并不感兴趣。所以，老晋隆洋行最初每月仅采购 3 箱卷烟，这些卷烟只供应在上海租界内生活的外国侨民。对此，老晋隆洋行并不气馁，他们坚信卷烟生意在中国一定有发展前景。

为打开中国卷烟市场，老晋隆洋行采用了许多推销方式。他们雇人到主要交通要道向路人赠送卷烟，并利用同业会和烟铺烟行，廉价促销，在较短的时间内改变了部分国人的吸食方式。

这些手段中，最为有力的一条便是“免费奉送”。当时上海热闹的茶楼、戏院等场所，经常有推销卷烟的洋人光临，他们一手拎广告牌，一手放留声机唱片，很快吸引了许多听众。渐渐地，一些胆大好奇的中国青年伸手接过了洋人递来的卷烟。

1891 年，老晋隆洋行购置先进的卷烟机，在天津设立老晋隆洋行卷烟厂，生产 10 支装“品海”牌卷烟。

1903 年 7 月 9 日，英美烟公司收购了美商老晋隆洋行的业务。

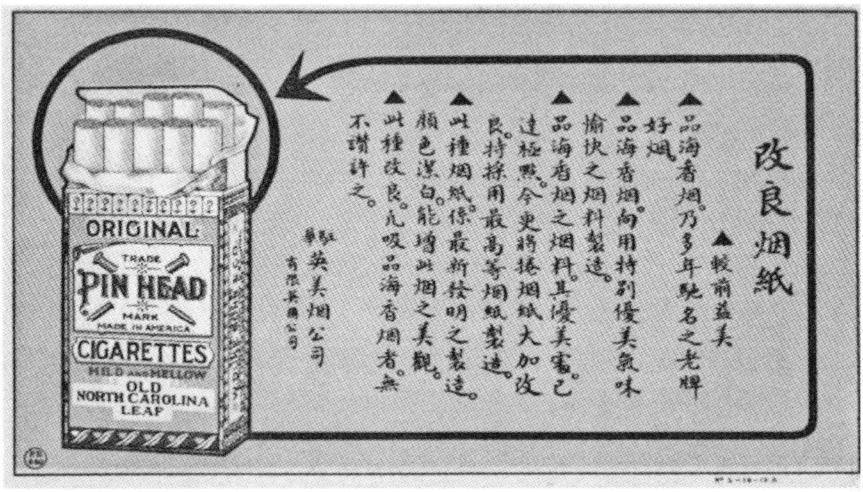

“品海”牌香烟广告之三

（资料来源：上海社会科学院经济研究所．英美烟公司在华企业资料汇编（第一册）．北京：中华书局，1983：10，121；王强．近代外国在华企业本土化研究：以英美烟公司为中心的考察．上海：上海人民出版社，2012：19；http://www.eastobacco.com/ycwh/ys/201512/t20151218_390186.html）

7.PIRATE 牌烟标的中国发展史：由“海盗”牌变“老刀”牌

老刀牌香烟最初由英国惠尔斯公司生产，以 Pirate（意为“海盗”）为名，1891 年起委托上海公发英行代销。英国惠尔斯公司后来合并到英美烟公司。

“老刀”牌烟标上的文字最初为全英文，其烟标名英文“PIRATE”译成中文就是“海盗”的意思。“海盗”牌烟标最初的主版画面上呈现的是一个站在装备着火炮的甲板上、彪悍凶猛、持刀而立的海盗形象。由于国情不同，欧美国家可以把海盗当作英雄般对待。但是在中国恰恰相反，中国人一直把海盗与倭寇一样看待，是侵略的代名词。许

PIRATE 牌香烟

多中国人看到这个广告形象后，颇为反感。英美烟公司了解到这一情况后，将“海盗”烟标牌号由英文的“PIRATE”改成了中文牌号“老刀”。

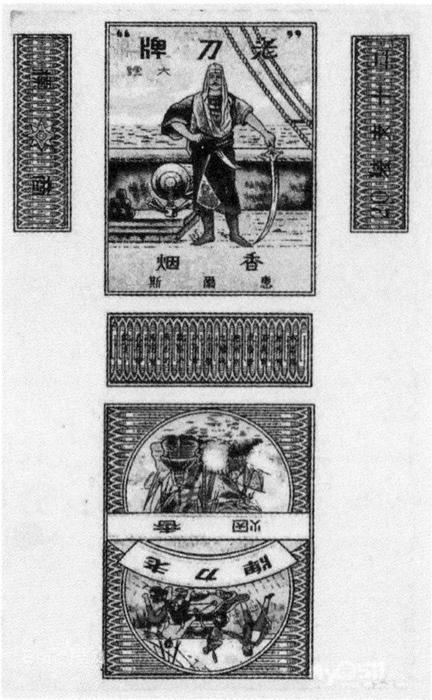

“老刀牌”香烟

“老刀牌”香烟广告

（图片来源：http://www.eastobacco.com/ycwh/ys/201407/t20140721_333050.html；https://www.sohu.com/a/390315224_99903906）

8. 美孚石油公司“三字经”广告语和美孚灯

19 世纪 70 年代，纽约美孚石油公司（Standard Oil Company of New York）进入中国市场，开始在中国销售煤油。

当时，美孚石油公司广告语采用了“三字经”顺口溜的形式，做得很适合中国国情：

美孚油　光亮清
老牌油　制炼精
无烟气　油质净
燃之灯　放光明
用之炉　烹饪灵
全中国　畅销行
认牌子　必细心
免受欺　最要紧

1906 年，纽约美孚石油公司通过开发高效燃烧煤油的小型灯具，在中国广阔的煤油市场上站稳了脚跟。这种煤油灯被称为美孚（Mei-Foo）灯。美孚灯是一种上面装有玻璃灯罩，下面装有红色铁皮底座，并装上机捻，可以调节火焰大小的照明用灯。加油一次，可以燃烧照明11小时。晚上点用，既方便，又明亮，并且没有黑烟和气味，深受用户欢迎。美孚灯最初是随着推销煤油一并赠送，后来改为出售，每盏售价银七分半，约合美元10美分左右，第一年在全国就售出875000盏，从而使煤油销售量大大增加。很快“美孚灯”传遍全国，可谓家喻户晓，从而带动煤油的销售节节上升，使中国成为美孚石油公司在亚洲最大的市场。

美孚石油公司“三字经”广告语和美孚灯

（资料来源：吴翎君．美孚石油公司在中国（1870—1933）．上海：上海人民出版社，2017；郭孝义．三十年代镇扬地区的英美石油公司．民国档案，1985（2）：87；https://corporate.exxonmobil.com/Company/Who-we-are/Our-history；http://blog.sina.com.cn/s/blog_3f8411690100cxkq.html）

9. 英美烟公司烟画中的清末市井民俗

烟画是旧日卷烟包装盒内所附赠的一种小画片，它是香烟广告宣传画中的一个品种。烟画一面印着各种内容的图案，另一面印着卷烟生产厂的名称及图案的文字说明，这就是香烟画片，简称“烟画”。上海人称之为“香烟牌子”，天津人称之为“毛片儿”，北京人称之为“洋画儿”，闽、粤、港、台人称之为“公仔纸”。当时，烟画十分流行，为诸多爱好者收藏。烟画原是西方的发明，它的英文名称是cigarette cards，也就是香烟卡片的意思。据李德生先生考证，烟画诞生的时间在1875年左右。

烟画在20世纪上半叶曾风靡一时，烟画与邮票、钱币并成为世界三大收藏。

烟画的内容，包罗万象，种类繁多，其中：天文地理、历史人物、民俗风物、市井百业、文学故事、戏剧艺术、飞禽走兽等等。可以称得上是一部小中见大的百科全书。

烟画的商业功能：袖珍广告、宣传品质、防伪辨假、充当奖券、感情投资。

清朝末年，外国卷烟公司推出适合中国人口味的市井民俗彩色画片，打的就是中国文化牌。19世纪80年代以来，外烟开始进入中国。特别是1885年，美国杜克公司委托上海美商茂生洋行代理其“小美女”牌香烟，烟画就随着香烟与中国消费者见面了。起先，人们对这些印有“西女洋汉”的小画片并不感兴趣，聪明的香烟经销商运用一些中国文化元素，将题材本地化，强烈地吸引国人欣赏、传看、评论烟画并收藏，从而大大促进了外国香烟在中国的销售。

在照相机尚未普及的100多年前，香烟画片生动地记录了清末民间照相、杂技、织布、当铺、木工、建筑、算命、医药、缝纫、制药、说唱等社会三百六十行，直接反映着当年的市井民俗，真实定格着过去的行业和生活，成为留给后人的一份珍贵历史和文化记忆。

在清朝末年（1905—1910年），英美烟公司出品了一整套反映中国清末市井民俗的“三百六十行”烟画，据统计总计315枚。

英美烟公司出品的这套“三百六十行”烟画，描述了中国清代300多个行业的劳动、交易、生活情况，为今天研究当时的社会、民俗、工艺、广告等方面提供了非常珍贵的史料。尤为可贵的是记录了许多现在已经消失或正在消失的行当。

在李德生、苑焕乔的著作《烟画老北京360行》中，收录了所辑英美烟公司“三百六十行”烟画合计275枚，并按“衣”“食”“住”“行”“娱”“艺”和“杂”等分为七大类。

（1）反映清末市井民俗“衣”的烟画

《采桑叶》

《绸缎庄》

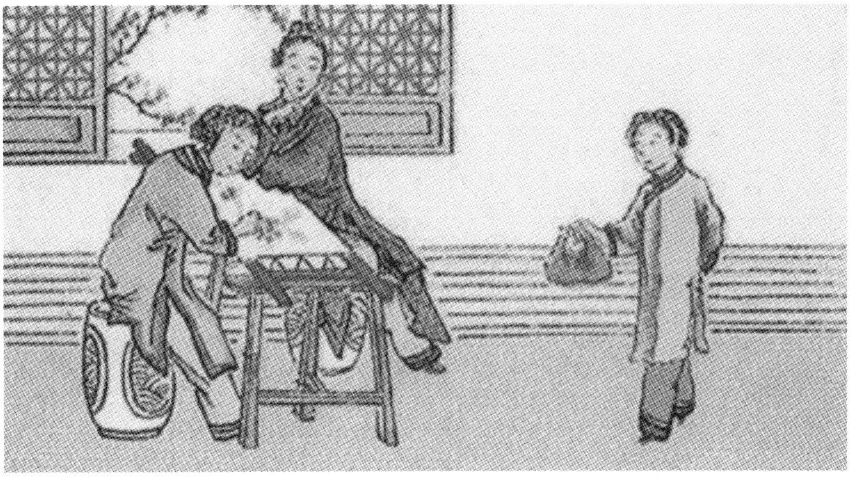
《刺绣》

《轧棉花》

《纺纱》

《磨剪子》

《成衣铺》

《鞋铺》

《修鞋》

《打草鞋》

《卖竹竿》

（2）反映清末市井民俗“食”的烟画

《牧牛童》

《割稻》

《扎蛤蟆》

《卤煮火烧》

《豆腐挑》

《炸臭干》

炸豆腐

磨香油

油坊

卖香油

官盐店

炭铺

卖鲜藕

鸳鸯火锅

卖冰糖葫芦

包饭作

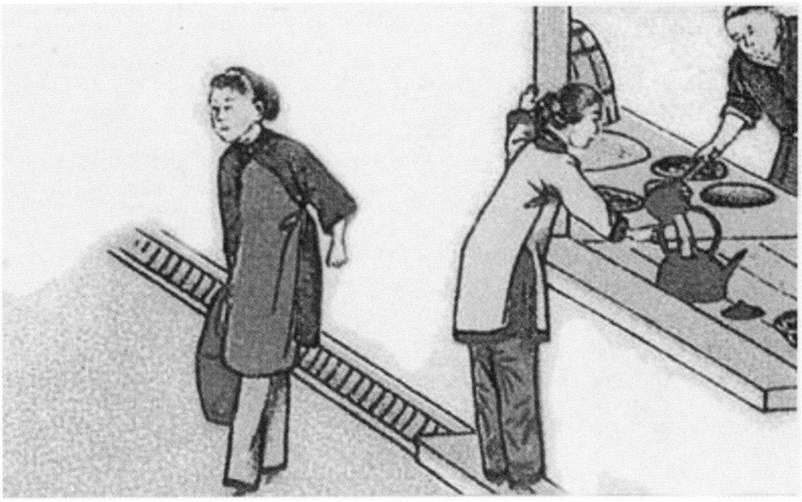

老虎灶

卖爱窝窝

卖煮玉米

卖年糕

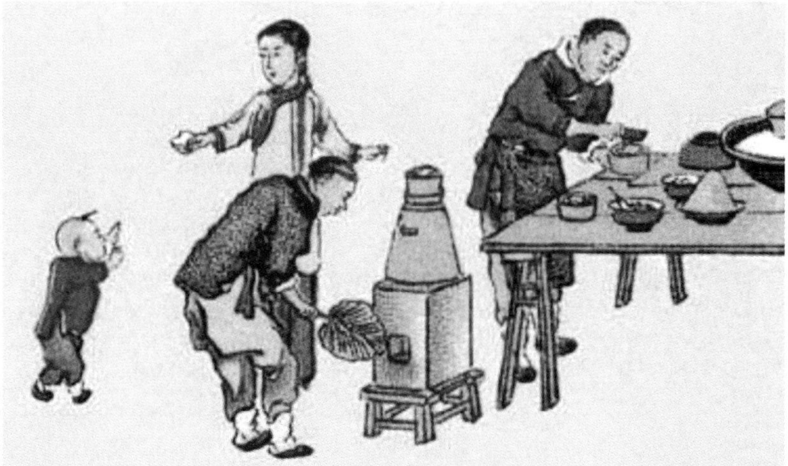

卖甑糕

卖凉粉

送火锅

卖素馅包子

卖山野菜

卖糕饼

卖冰镇酸梅汤

屠夫

卖鸡蛋

打年糕

卖烤白薯

卖凉面

卖水夫

大师傅

送外卖

（3）反映清末市井民俗“住”的烟画

卖枕头

卖掸子

点街灯

更夫

巡警

卖盆栽

（4）反映清末市井民俗“行”的烟画

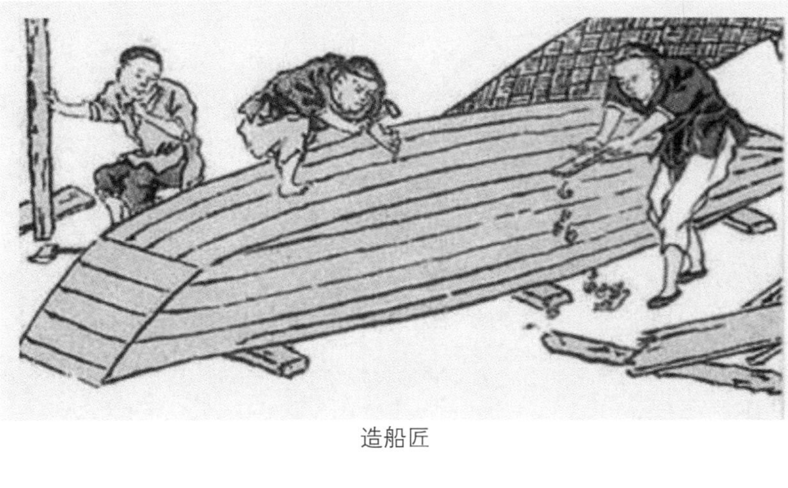

造船匠

（5）反映清末市井民俗“娱”的烟画

耍盘子

遛鸟

打霸王鞭

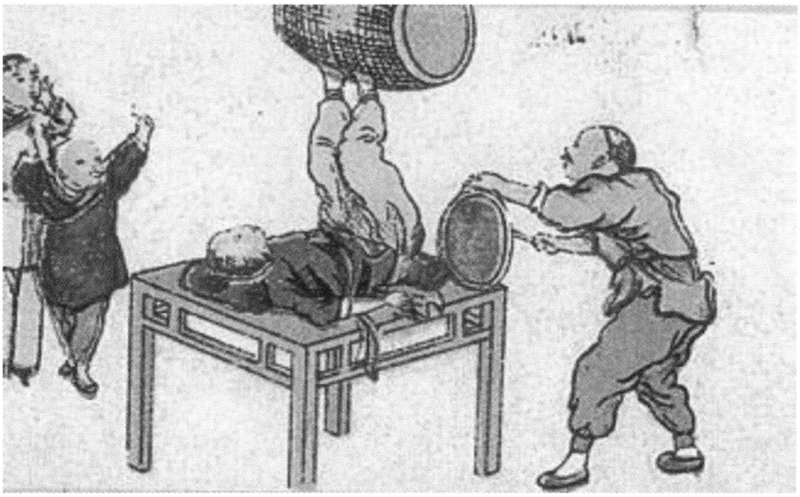

蹬技表演

打花鼓

班鼓匠

卖灯笼

转糖摊

（6）反映清末市井民俗“艺”的烟画

雕版师傅

印年画

制笔社

装裱

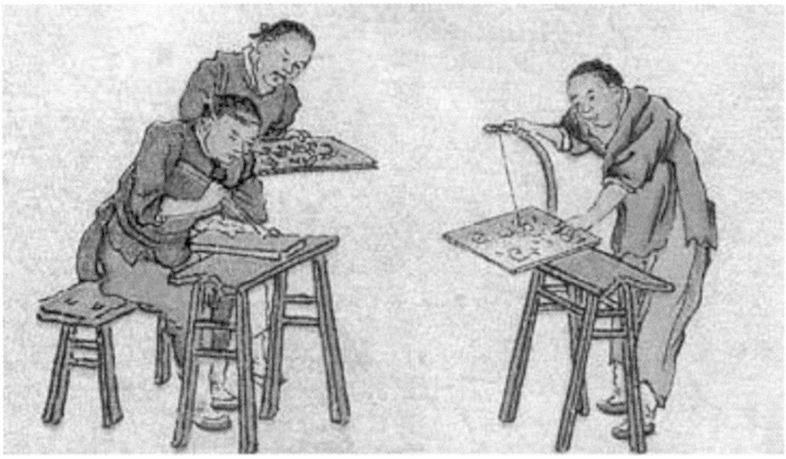

雕花匠

篾匠

铁匠

绳子铺

卖小轿

（7）反映清末市井民俗“杂”的烟画

摆棋局

卖报

卖水烟袋

狱警

插戴婆

稳婆

（图片来源：东方烟草网

https://www.eastobacco.com/ycwh/yh/yh/index_1.html；李德生，苑焕乔 . 烟画老北京 360 行 . 北京：北京大学出版社，2016；https://baijiahao.baidu.com/s?id=1646151847574805039&wfr=spider&for=pc）

10. 英美烟公司“多福牌”香烟：“多福多寿多男子”

英美烟公司在选择广告文本内容，十分重视对中国传统文化的应用，它认识到只有把广告内容和那些与人们生产生活密切相关的历史、文化相融会贯通时才能真正具有生命力，并且能够流传开来。

英美烟公司在 1919 年生产的“多福牌”（Door Fook）香烟的烟盒上就印有适合中国人口味的广告：

多福牌香烟

多福牌香烟系精选上等烟叶制造。人生所求不外多福多寿多男子，望诸君吸此多福牌皆多福多寿多男子。

“多福牌”香烟（Door Fook）

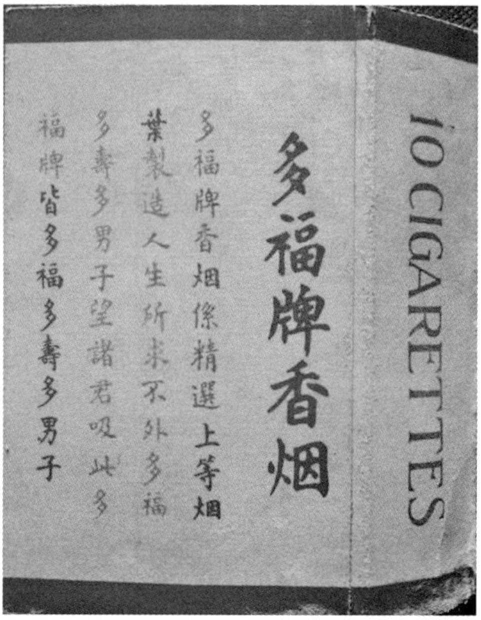

“多福牌”香烟烟盒上的广告语

在中国传统社会，多福多寿是人生所求，人人向往，而子孙满堂则是家族兴旺发达的标志，英美烟公司在烟盒上印上这样的广告语，它迎合了中国人多子多福的良好愿望，因此，在当时“多福牌”香烟受到了中国人的普遍欢迎。

事实上，吸烟有害健康已是常识。烟草中至少含有三种危险化学物质：焦油、尼古丁和一氧化碳等，它们对于人的健康影响很大，可以导致肺癌，对肺功能产生影响，刺激气管和支气管黏膜，引起长期咳嗽、咳痰。因此，吸烟是绝对不可能给消费者带来“多福多寿多男子”的。这也反映了英美烟公司香烟广告手段的欺骗性。

（资料来源：王强 . 近代外国在华企业本土化研究：以英美烟公司为中心的考察 . 上海：上海人民出版社，2012：198-199）

11. 英美烟公司月份牌广告画：西洋广告画的中国化

月份牌广告是一种手绘的广告画，它是融合中国传统工笔人物与西方擦笔水彩技法的新画种。月份牌广告诞生于 19 世纪末的上海，盛行于民国时期，20 世纪 30 年代是月份牌广告的鼎盛时期。因其画面中除了人像插画、广告商品、公司名称外，还附有全年的月份年历，故被称为“月份牌广告”，或简称为“月份牌”。

清末，香烟传入中国后，英美烟公司启用从国外运来的一些绘有名人及贵妇人的广告画，但中国的百姓反应冷淡。很快这些聪明的外国商人认识到了中国国情，逐渐领悟到要“入乡随俗”的道理，开始学习中国商号将古典神话传说、历史故事、寿星胖娃等带有中国民俗风味的图例印上年历和商号的做法，将广告画赠送给顾客。

起初月份牌的画面取之于明清各时代的绘画，特别是具有民俗特色的作品。后来商家为了解决成本问题，便物色一些画家临摹古画，以解燃眉之急。后来又从临摹改为仿造古画。但仿造古画不是长久之计，于是便产生了请当时有一定水平的画家，按公司所希望的题材与人物形象，以古画的形式创作月份牌的要求。

民国时期，绘制月份牌广告画的著名画家，有上海本地的徐泳青、金雪尘、金梅生，有浙江的郑曼陀、谢之光、杭稚英，有江苏的周慕桥、胡伯翔、周柏生，也有安徽的杨俊生、金肇芳等。他们设计的广告图案新颖、内容吸引人，很快便形成了较大的影响力。

月份牌广告画是中西方绘画艺术相结合的产物，因创作人多为民间画工，不受画派的影响与束缚，一开始便形成了一种独特的画风。画工们结合西方素描画法，用炭精粉先画明暗有层次、细腻写实的西洋画，再用水彩施以淡彩，形成淡雅宜人的立体效果。其既有国画工笔细描功底，又有

民国十九年（1930 年）英美烟公司
月份牌广告画（胡伯翔绘）

民国二十年（1931 年）英美烟公司
月份牌广告画（胡伯翔绘）

民国二十一年（1932 年）英美烟公司
月份牌广告画（胡伯翔绘）

民国二十三年（1934 年）英美烟公司
月份牌广告画（胡伯翔绘）

民国二十四年（1935 年）英美烟公司
月份牌广告画（倪耕野绘）

木版年画的传统特色，构图丰满、完整，笔触凝重而不板滞。月份牌广告画中的人物既有细致的造型又具鲜亮的色彩，非常符合中国大众的欣赏趣味。所以，其一上市，便受到了人们的关注，同时也为宣传的商品插上了一对美丽的文化翅膀。

黄玉涛研究总结出民国时期月份牌广告具有下列四个文化特征：

（1）民国时期的月份牌广告是中国传统文化的传承者，具有鲜明的民族性特征

月份牌广告的历史渊源具有民族性。月份牌广告形式上脱胎于宋代民间木刻年画——“灶王码”。它最终被改造成具有浓郁本土文化特色的广告形式，具有鲜明的中国风格。

月份牌广告的内容十分民族化，月份牌广告由中国本土画家绘制，采用中国百姓接受的画法，以中国传统文化为题材。

月份牌广告画所特有的擦笔水彩画技法也具有淳厚的东方韵味，它巧妙糅合了西方绘画和中国画的特点，又保持了中国画的传统风格，具有鲜明本土文化特色。

（2）民国时期的月份牌广告又是西方文化的传播者，具有世界性特征

月份牌广告是中外文化交流和中外激烈商战的产物，作为特定时期产物的月份牌广告画，因受西画的影响，在艺术表现方面也有一定的突破与创新。

月份牌广告传播了西方的商业理念和广告文化。我们现在见到的早期月份牌广告多以洋货为主，如香烟广告、化妆品广告、药品广告、银行广告、保险公司广告等。

月份牌广告见证了民国时期中国上海市民生活逐步城市化、世界化的进程。

（3）月份牌广告还是社会潮流的倡导者，具有时代性特征

面对资本主义的经济侵略，月份牌广告提倡抵制洋货。从洋货进入中国那一天起，中国抵制洋货的运动就从没停止过。

面对帝国主义的侵略高举爱国抗敌的大旗。月份牌广告的抵制洋货和抗敌报国题材多是取材于当时的现实世界。

紧跟时代潮流，月份牌广告推动妇女解放运动。月份牌广告以时尚的女性形象作为广告模特，潜移默化地推动了中国妇女解放运动的步伐；禁止妇女缠足，提倡放足，直接倡导妇女解放；提倡婚姻自主，追求个性解放，对妇女解放运动起着示范式的导向作用；使知识女性逐渐成为时尚代言人，自觉地推动着国内妇女解放运动的发展。

（4）月份牌广告画在民国时期起到了倡导消费潮流的作用

月份牌广告中的新服饰曾一度成为年轻人学习、效仿的榜样；月份牌广告描绘的

生活场景倡导了新的消费理念和生活方式；月份牌广告不仅推动了中国传统文化元素的普及，也促进了新文化的传播。

（资料来源：黄玉涛．民国时期商业广告研究．厦门：厦门大学出版社，2009：56-72；https://www.eastobacco.com/ycwh/yh/yh/201711/t20171122_466894.html；

http://blog.sina.com.cn/s/blog_972433f60102vsbd.html；

http://www.huabid.com/auctions/616271；http://www.huabid.com/auctions/616270；

https://www.qudiandi.com/auction/item/aid/15136.html；

https://www.duitang.com/blog/?id=1109274687；

黄玉涛．民国时期月份牌广告的文化特征探析．新闻界，2009（1）

李普建．月份牌广告画：为商品插上美丽的翅膀．东方烟草报,2014-5-17）

12. 亚细亚火油公司油品品牌中文翻译比较通俗和容易识别

1903 年—1937 年，亚细亚火油公司在中国销售众多品牌的煤油，有“僧帽牌”（Crown）、“元宝牌”（Sycee）、“铁锚牌”、“十字牌”（Cross）和“红鱼牌”（Fish）等；汽油品牌则有“壳牌”（SHELL）及“银壳牌”（SILVER）。公司还销售品牌为“壳牌”的其它产品，包括柴油、润滑油、洋蜡、沥青和矿油精。

◀“僧帽”牌煤油（Crown）

▲“元宝牌”煤油（Sycee）

"铁锚"牌煤油

"十字牌"煤油（Cross）

"壳牌"汽油（SHELL）

民国时期，亚细亚火油公司为了方便中国消费者识别和选购其公司油品，将 Crown（王冠，皇冠）牌煤油的中文名翻译为"僧帽"；将 Sycee（银锭）牌煤油的中文名翻译为"元宝牌"煤油；将 Cross（十字形记号）牌煤油的中文名翻译为"十字牌"煤油；将 Fish（鱼）牌煤油的中文名翻译为"红鱼牌"煤油；将 SHELL（贝壳）牌汽油的中文名翻译为"壳牌"汽油。

（资料来源：https://www.shell.com.cn/zh_cn/about-us/who-we-are/shell-china-history/_jcr_content/par/textimage.stream/1519810195490/b373b5e45570230306bc7af4b7a6e89cb215c14f/looking-to-the-long-term-the-story-of-shell-in-china-2014.pdf;

http://blog.sina.com.cn/s/blog_508302ca0102dykr.html;

吴翎君．美孚石油公司在中国（1870—1933）．上海：上海人民出版社，2017：162，174,176-177；郭孝义．三十年代镇扬地区的英美石油公司．民国档案，1985(2)：87）

第三章

抢注商标、重视质量

市场营销以满足顾客需求为中心，而顾客需求的满足必须以提供某种产品或服务给顾客来实现，因此，产品（product）是市场营销的“基础”。

在产品策略中，品牌与商标策略十分重要。

所谓品牌，也就是产品的牌子，是用以识别销售者的产品或服务，并使之与竞争对手的产品或服务区别开来的商业名称及其标志，它包括：文字、图形、字母、数字、三维标志、颜色组合和声音等，以及上述要素的组合。

品牌是一个集合概念，它包括品牌名称、品牌标志和商标。

品牌名称是指品牌中可以用语言称呼的部分，例如：德国汽车品牌“奔驰”（Mercedes-Benz）。

品牌标志是指品牌中可以被认出，但不能用语言称呼的部分，例如：奔驰汽车三叉星徽已成为世界上最著名的汽车品牌标志之一。

商标是经过注册登记受到法律保护的品牌或品牌的一部分。

品牌（brand）与商标（trade mark）的联系与区别：品牌是市场概念，商标是法律概念。品牌的范围比较广，商标一定是品牌，但品牌却不一定是商标。商标是经过注册登记受到法律保护的品牌或品牌的一部分。

一般说来：一流的企业做标准，二流的企业做品牌，三流的企业做产品。

品牌不仅具有消费者价值，而且还具有企业价值。

品牌的消费者价值。当产品趋于同质化时，品牌将取代具体的产品，成为消费者购买的理由与保证，品牌给消费者带来的经济效用包括：简化消费者的购买行为、增强消费者的购买信心、激发消费者的享用联想。

品牌的企业价值。一个强势的品牌无疑对企业有着重要的意义，具体包括：产生品牌溢价、提升无形价值、促进业务增长、培养顾客忠诚、高筑竞争壁垒。

产品质量（product quality）是营销人员进行市场定位的主要工具之一。质量对产品和服务的性能具有直接影响，因而与消费者价值和消费者满意息息相关。狭义上，质量可以定义为“没有缺陷”。但是，许多以顾客为中心的企业远远超出了这个定义。取而代之的是，它们从创造顾客价值和顾客满意两个方面来定义质量。美国质量协会（American Society of Quality）认为，质量是由产品或服务的特征所提供的使之能够满足顾客现实或潜在需要的性能。这个以顾客为重点的质量定义表明：质量开始于顾客需要，结束于顾客满意。

如今许多公司已经将消费者驱动的质量转变为一种潜在的战略武器，通过持续和有利润地满足顾客对质量的需要和偏好来创造顾客满意和顾客价值。

1. 英美烟公司在华积极注册商标打击竞争对手

英美烟公司将中国市场上竞争对手的香烟品牌称为“敌牌”，它积极利用各种市场营销策略打击竞争对手。

英美烟公司打击竞争对手的绝招之一，就是利用注册商标作为武器，诬陷控告竞争对手影射其商标。英美烟公司在华实际销售的香烟牌子虽然仅有几十种，但是为了占领中国市场，却先后向中国政府登记备案了各种名称、图案的香烟商标八百余种。英美烟公司还在中国商标局买通“坐探”通风报信、盗寄密件抄本和华资烟厂登记的商标图样给英美烟公司的法律部，以便据以指控打击华资烟厂。上海最早的中资三星烟厂，就是在英美烟公司不断指控“冒牌”的压力下被迫关闭的。

英美烟公司在华销售的卷烟品牌主要有：“品海牌”（PIN HEAD）、“哈德门牌”(HATAMEN)、“老刀牌”（PIRATE）、“皇后牌”（后来易名“大英牌”）（RUBY QUEEN）、“三炮台牌”（Three Castles）、“绞盘牌”（CAPSTAN）、“纽约牌”（NEW YORK）、“鸡牌”（ROOSTER）、“翠鸟牌”（KING FISHER）、“称人牌”（HONEST WEIGHT）、“锦扇牌”（VANITY FAIR）、“双刀牌”（Straight Cut）、“百灵牌”（LARK）、“桃子牌”（PEACHES）、“双鹤牌”（DOUBLE CRANE）、“燕子牌”（SWALLOW）、“金花牌”（GOLDEN ROD）、“弓手牌”（HIAWATHA）、“婴孩牌”（THE BABY）、“银元牌”（DOLLAR）、“华芳牌”香烟（BELLE of CHINA），等等。

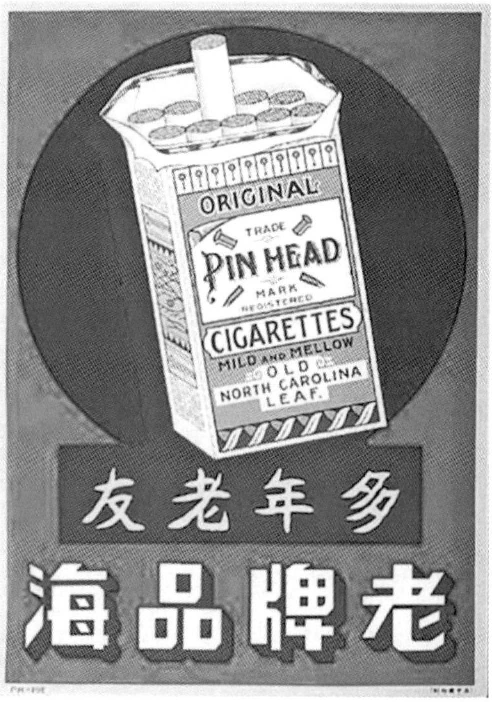

品海牌香烟（PIN HEAD）

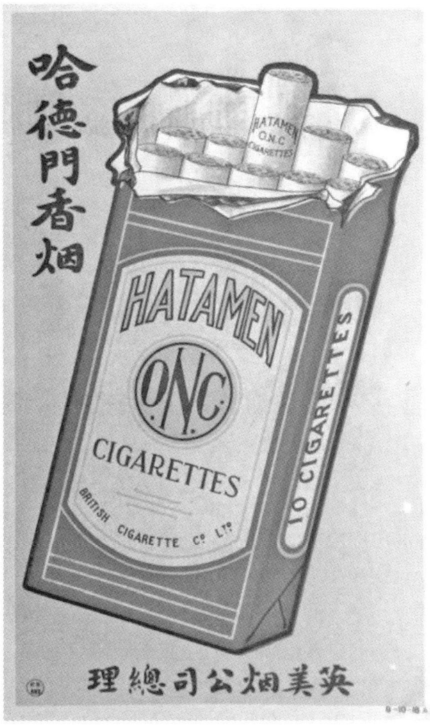

哈德门牌香烟（HATAMEN）

老刀牌香烟 (PIRATE)

大英牌香烟（RUBY QUEEN，也叫做红锡包）

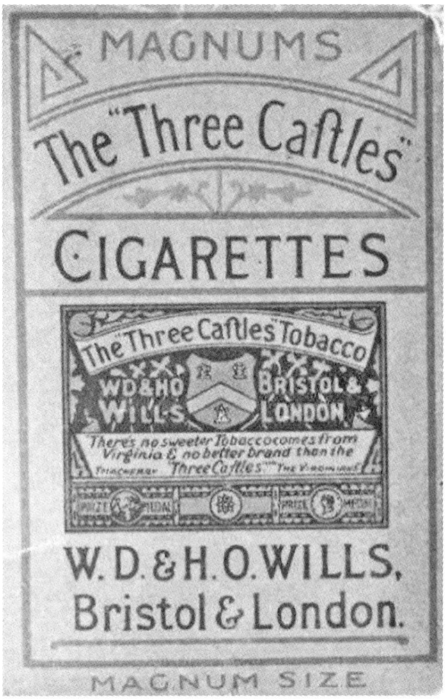

三炮台牌香烟（Three Castles）

绞盘牌香烟（CAPSTAN，也叫做白锡包）

纽约牌香烟（NEW YORK，也叫做蓝锡包）

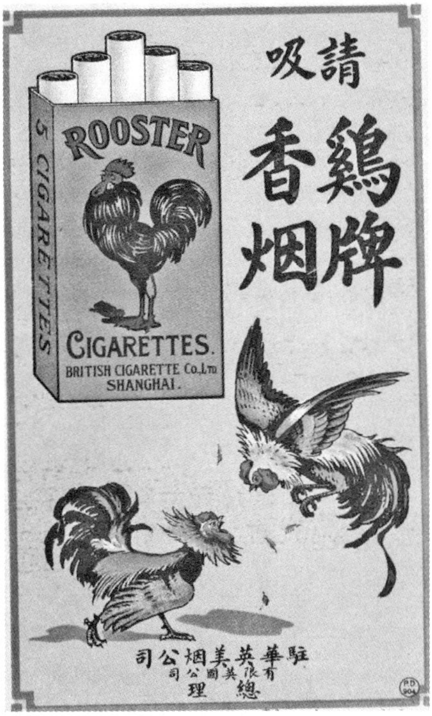

鸡牌香烟（ROOSTER）

翠鸟牌香烟（KING FISHER）

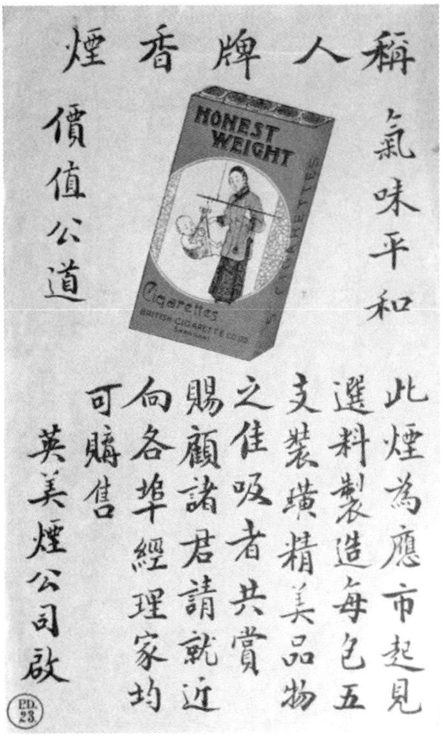

称人牌香烟（HONEST WEIGHT）

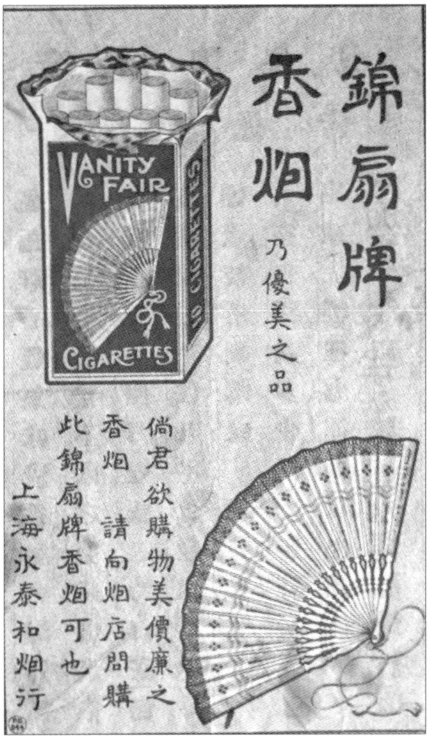

锦扇牌香烟（VANITY FAIR）

双刀牌香烟（Straight Cut）

百灵牌香烟（LARK）

桃子牌香烟（PEACHES）

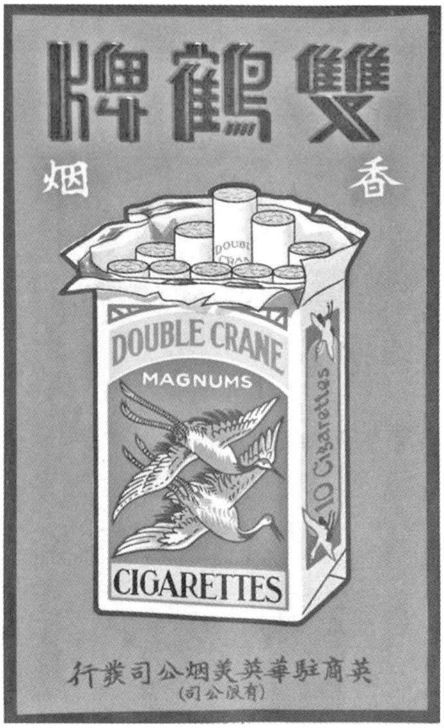

双鹤牌香烟（DOUBLE CRANE）

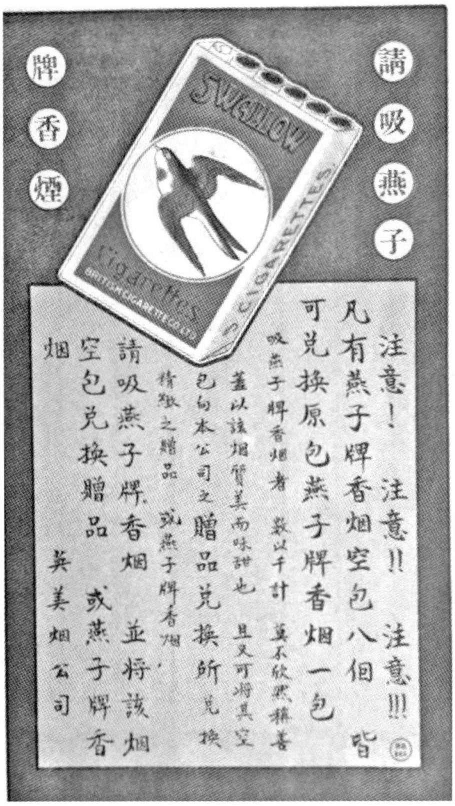

燕子牌香烟（SWALLOW）

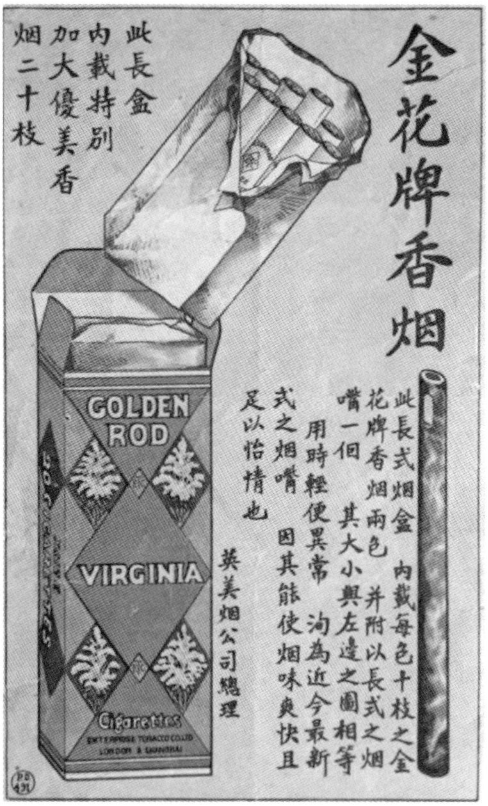

金花牌香烟（GOLDEN ROD）

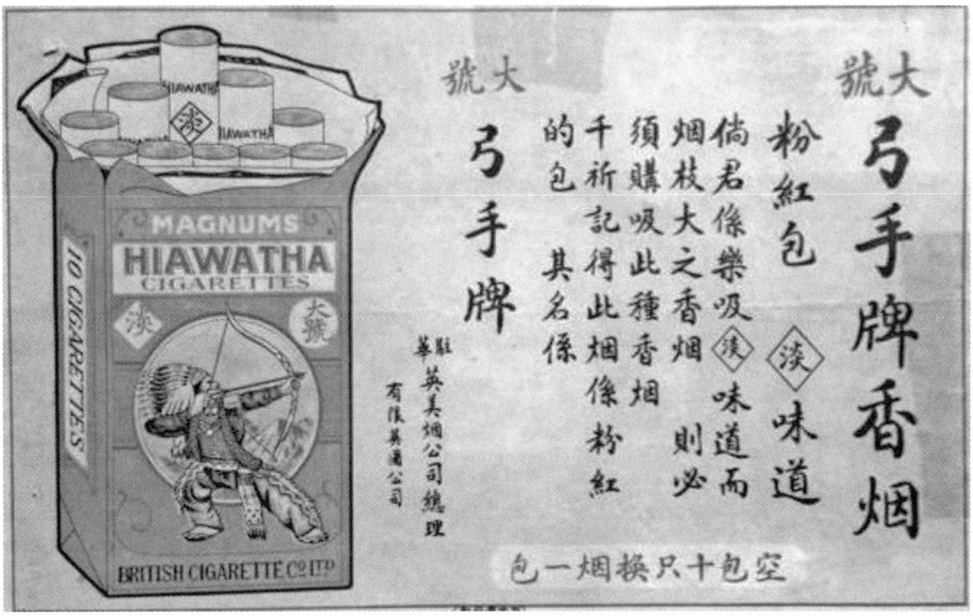

弓手牌香烟（HIAWATHA）

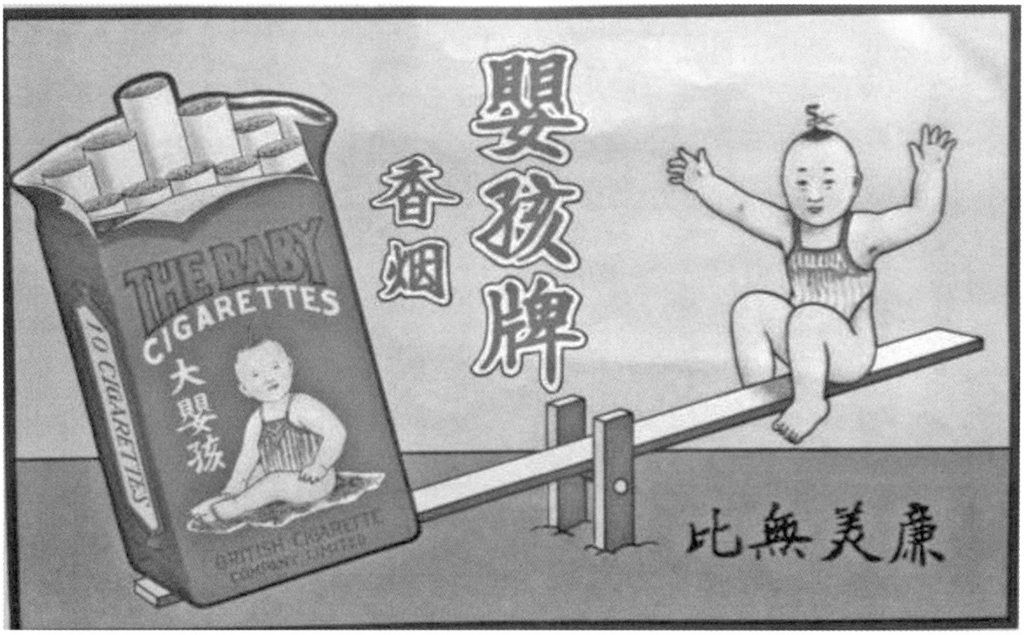

婴孩牌香烟（THE BABY）

银元牌香烟（DOLLAR）

早在 20 世纪 30 年代的上海，商标概念就已经形成，与商标问题相关的法律法规和商标局也已经出现。

在中国烟草博物馆的藏品中有一些早期商标注册证。这些商标注册证内容严谨、印刷精美、保存完好，是了解中国早期商标管理工作的珍贵史料。其中一张为“华芳牌”商标注册证，如下图所示。

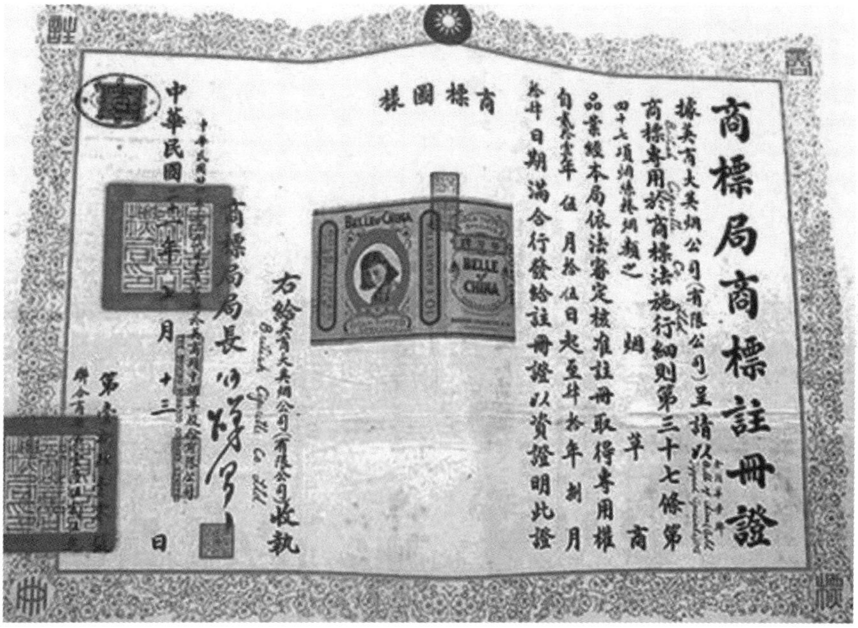

英美烟公司“华芳牌”商标注册证

1905 年，因为我国掀起反美爱国运动，美国烟草公司及其产品受到我国消费者的抵制和冲击，英美烟公司则将下属的美国烟草公司改名为大英烟公司（British Cigarette Co.），将美国烟草公司的一切业务过渡给大英烟公司，自此以后凡一切制造事业，均由该公司承担。

英美烟公司“华芳牌”商标注册证由商标局颁发，其颁发时间是 1932 年 7 月 13 日（中华民国二十一年七月十三日），该商标注册证正文文字包含以下内容：据英商大英烟公司（有限公司）呈请以金头华芳牌商标专用于商标法施行细则第三十七条第四十七项烟丝卷烟类之烟草商品业，经本局依法审定核准注册取得专用权，自（民国）贰拾壹年伍月拾伍日起至肆拾年捌月拾肆日期满，合行发给注册证以资证明此证。注册证的中心位置是该商标的图样。紧靠商标图案左边印有“右给英商大英烟公司（有限公司）收执”字样。此外，印戳、落款、发证日期、注册证号等信息都清晰可见。

在最初的注册证上，需要填写申请商标名字和填写商标专利起止日期的地方都留有空白，因此，一张最终的商标注册证上，商标名称和日期与其他地方的字体并不一样。此外，该注册证上“烟草商品”几个字之间的间距很大，目的是突出商标申请所属的行业。由此可以看出，当时烟草商品注册已经相当细致。商标注册的起止日期、印戳、落款、发证日期等信息体现了商标注册的严谨性。

1925 年 3 月，上海中国华成烟草公司“美丽牌”（My Dear）香烟隆重上市。它选用上等烟丝，配方悉心，价格公道，最重要的是选用美丽动人的京剧新秀吕美玉的剧照作为“美丽牌”香烟的烟标图案，吕美玉也是“美丽牌”香烟广告代言人，为上海华成烟草公司带来了超乎预期的人气。“美丽牌”香烟上市几天就被抢购一空。一品牌，一京剧新秀，赢得了好彩头。

中国华成烟草公司“美丽牌”香烟（My Dear）

（图片来源：http://museum.tobacco.com.cn/templet/cigarettePack.html?id=1345）

面对中国华成烟草公司“美丽牌”香烟投入市场的巨大成功，加之五卅运动以来中国人对洋货的抵制，英美烟公司感受到了压力。英美烟公司通过市场营销策划，于

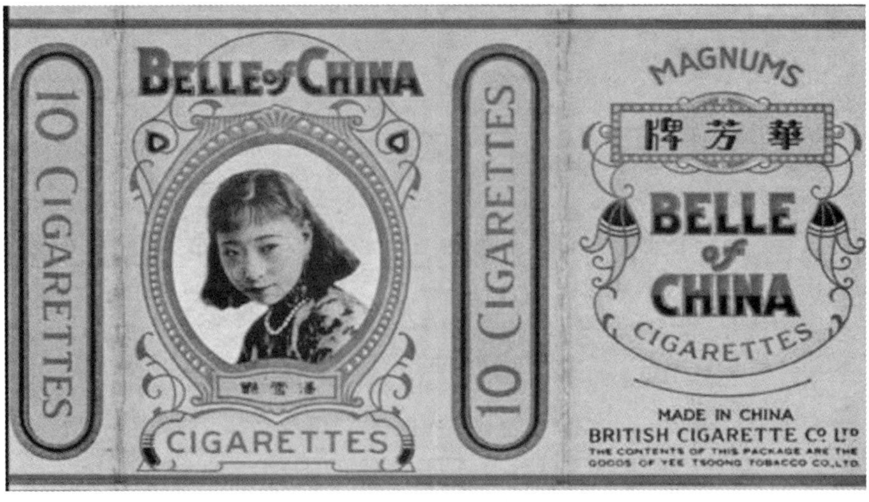

英美烟公司“华芳牌”香烟（BELLE of CHINA）

1932 年 7 月以新京剧明星潘雪艳玉照为商标形象，推出了“华芳牌”香烟与中国华成烟草公司“美丽牌”香烟展开了竞争。

（资料来源：上海社会科学院经济研究所 . 英美烟公司在华企业资料汇编（第一册）. 北京：中华书局，1983：16；王强 . 近代外国在华企业本土化研究：以英美烟公司为中心的考察 . 上海：上海人民出版社，2012：20；汪熙 . 一个国际托拉斯在中国的历史纪录——英美烟公司在华垄断活动剖析 . 复旦学报（社会科学版），1983（5）：55-61；

简谱 . 早期华芳牌商标注册证 . 东方烟草报 ,2015-04-25. http://www.eastobacco.com/ycwh/ys/201504/t20150427_364761.html; 由国庆 . 民国广告与民国名人 . 济南：山东画报出版社，2014：190-195；https://www.meipian.cn/6djqhq7）

2.“Coca-Cola”商标中文译名和“可口可乐”商标注册

“可口可乐”是世界上公认最好的 Coca-Cola 商标中文译名，它不仅听起来与其英文名字相似，而且中文标志着“美味与快乐”，非常贴近可口可乐的宣传主题“开启快乐”（open happiness）；更重要的是，它简单明了，朗朗上口，易于传诵。中文的可口可乐也是 Coca-Cola 在全球所有译名中，唯一一个在音译的基础上具有实际含义的名称。

（1）“Coca-Cola”商标中文译名

根据上海图书馆参考馆员祝淳翔考证搜检，他分别从 1924 年 5 月 1 日《申报》及 5 月 2 日《新闻报》查到屈臣氏“可口露”广告，又从 1924 年 10 月 10 日《工商新闻》报查到屈臣氏“可口水”广告。二者在商品名称的左侧，均伴有“壮气提神”四字，可见确系同一种；这表明至少在 1924 年，可口可乐已进入中国上海市场。

祝淳翔还查到：1924 年 8 月 4 日《新闻报》上出现了“可口露”的单品广告，广告词宣称此“饮品只系本厂一家经售，曾经注册许为专利之品，别家不得仿冒”，显得郑重其事，同时又将可口释为 Cocoa。

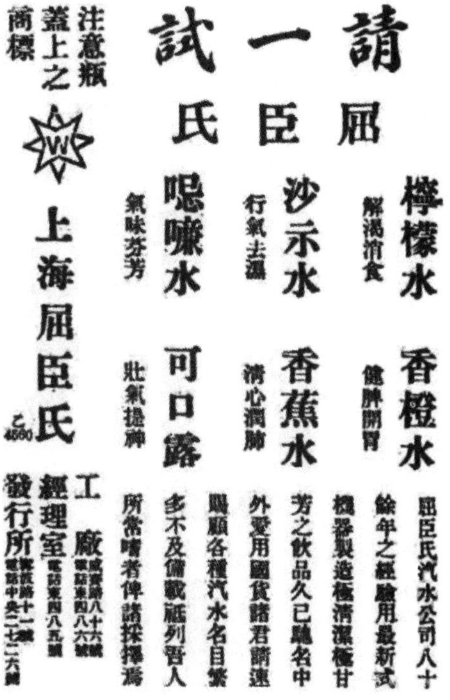

1924 年 5 月 1 日《申报》上刊登的屈臣氏“可口露”广告

1924 年 8 月 4 日《新闻报》上刊登的屈臣氏“可口露”的单品广告

北京印刷学院新闻出版学院叶新教授查到 1930 年 5 月号《商业杂志》即刊有“屈臣氏汽水可口可乐”广告。这则广告说明，至少在 1930 年，Coca-Cola 商标的中文译名“可口可乐”就出现了。

1930 年 5 月刊行的《商业杂志》上的可口可乐广告

对于 Coca-Cola 商标中文译名“可口可乐”的翻译者，一般认为是旅英学者蒋彝教授（1903—1977）；祝淳翔则推测是中国律师丁正钧（Ting Tsung Kyuin）；也有人认为是可口可乐公司；等等。Coca-Cola 商标的中文译名“可口可乐”的翻译者究竟是谁？还有待于人们进一步发掘和考证。

（2）“可口可乐”商标注册

祝淳翔考证到：1930 年，可口可乐公司在上海注册“可口可乐”商标。该商标见于 1931 年 8 月 15 日《商标公报》第 54 期。内容共两项，其一为商标名称：可口可乐，其二为商标名称：Coca-Cola on bottle device（可口可乐瓶装设备），呈请人：The Coca-Cola Company（可口可乐公司），代理人：阿乐满律师（Norwood Francis Allman）。二者均为 1930 年 3 月 26 日申请，1931 年 6 月 24 日审定，“惟瓶形不在准予专用之列”。

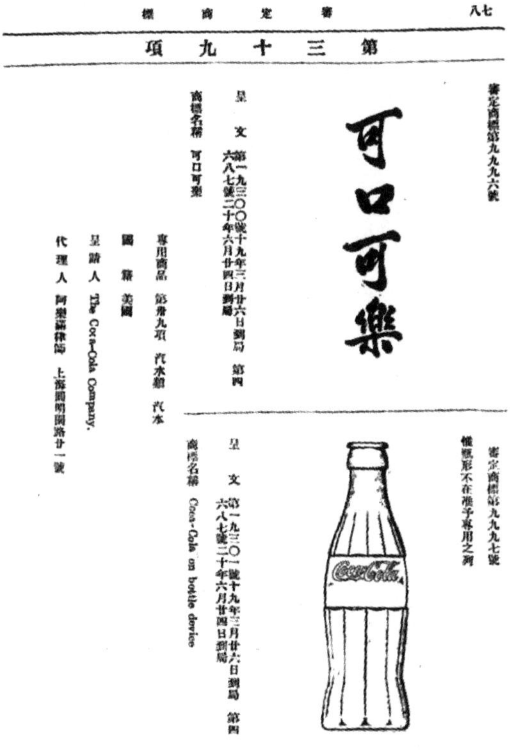
審定商標　七八
第三十九項
審定商標第九九九六號
可口可樂
呈文　第一九三〇〇號十九年三月廿六日到局　第四六八七號二十年六月廿四日[illegible]
商標名稱　可口可樂
專用商品　第卅九項　汽水類　汽水
國籍　美國
呈請人　The Coca-Cola Company.
代理人　阿樂滿律師　上海圓明園路廿一號
審定商標第九九九七號
惟瓶形不在准予專用之列
呈文　第一九三〇一號十九年三月廿六日到局　第四六八七號二十年六月廿四日[illegible]
商標名稱　Coca-Cola on bottle device

“可口可乐”商标

（图片来源：《商标公报》第 54 期，1931 年 8 月 15 日）

（资料来源：https://www.coca-cola.com.cn/stories/kkklzwfydjdzz；

祝淳翔．可口可乐商标的汉译故事考 https://baijiahao.baidu.com/s?id=1641095360619686329&wfr=spider&for=pc；

（美）菲利普·科特勒，加里·阿姆斯特朗．市场营销：原理与实践（第 16 版）[M]. 北京：中国人民大学出版社，2015:573-575；https://www.coca-cola.com.cn/stories/kkklzwfydjdzz）

3. 中国昆明石龙坝水电站与 110 岁高龄西门子发电机

石龙坝水电站位于云南省昆明市滇池出水口螳螂川畔，它于 1912 年 5 月（农历四月十二日）建成发电。石龙坝水电站是“中国第一座水电站”、全国重点文物保护单位，现在是华电云南发电有限公司石龙坝发电厂。

石龙坝水电站

石龙坝水电站第一车间拱门

石龙坝水电站——全国重点文物保护单位

石龙坝水电站——中国第一座水电站（国家能源局，2010 年 8 月）

石龙坝水电站于1910年8月(农历七月十七日)正式动工修建,工程历时21个月,于1912年5月(农历四月十二日)正式竣工发电,它最初安装了两台德国西门子公司制造的240千瓦水轮发电机。电源通过32公里23千伏线路向昆明供电,市内灯火辉煌。至此,中国(大陆)第一座水力发电站问世,起名“耀龙电灯公司石龙坝发电厂”。

石龙坝水电站于1923年至1926年进行了一次扩建工程,在第二车间安装了两台西门子公司制造的276千瓦水轮发电机组,1935年又增加了一台西门子公司制造的448千瓦水轮发电机组。

石龙坝水电站是中国水电事业早期引进国外先进技术和设备,面向全球国际招标,自行管理、自主经营的股份制企业,是中国水力发电的发祥地。

西门子公司1910年制造的240千瓦水轮发电机至今在石龙坝水电站仍可以运行

历经一百余年风雨,一台由德国西门子公司1910年制造的110岁高龄发电机目前还在石龙坝水电站第一车间正常运转!这也充分验证了德国西门子公司对“质量”的认识:质量就是要求我们的顾客回头,产品不回头。

(资料来源:西门子公司:http://w1.siemens.com.cn/140years/;(美)菲利普.科特勒等.市场营销:原理与实践(第16版).北京:中国人民大学出版社,2015:232;黄源芳.中国第一座水电站归属何处?.中国能源报,2014-10-20.第22版)

4. 1906年奥的斯公司生产和安装了中国第一部电梯

美国奥的斯公司(OTIS)是由电梯的发明者伊莱沙·奥的斯(Elisha Otis)先生于1853年在美国创立。美国奥的斯电梯(Otis Elevator)公司目前是世界上最大的电梯制造商,它的总部位于美国康涅狄格州的法明顿。

1976年,奥的斯公司(OTIS)被联合技术公司(United Technologies Corporation,简称UTC)收购。目前,联合技术公司和雷神公司(Raytheon Company)已经合并为雷神技术公司(RAYTHEON TECHNOLOGIES)。

奥的斯公司(OTIS)现在是美国雷神技术公司(RAYTHEON TECHNOLOGIES)

的子公司。

2020年，美国雷神技术公司（RAYTHEON TECHNOLOGIES）位列《财富》世界500强排行第119位。

1905年，上海茂盛公司成为美国奥的斯（OTIS）电梯的中国代理商。

1906年，中国历史上第一部电梯（厢式电梯），由奥的斯（OTIS）生产并安装在上海汇中饭店（现和平饭店南楼）。

上海汇中饭店（现和平饭店南楼）

中国第一部电梯（厢式电梯）安装在上海汇中饭店（现和平饭店南楼）（奥的斯电梯，1906年）

1931 年，奥的斯（OTIS）在上海设立北亚区总部，并在天津、东京、香港、马尼拉设立办事处。

1936 年，中国第一部手扶电梯，也是由奥的斯（OTIS）生产并安装在上海大新百货公司(现为上海第一百货大楼)内。在上海大新百货公司公司开幕日有关档案中，新闻记者对电梯的描述，摘录如下：“该公司共计装奥的斯自动扶梯两架，一架自底层至二楼，一架自二楼至三楼，外表极为美观。该两架均可同时向上或向下，每分钟所行速度近九十呎，故每小时可以供四千人之上下行动。一日以十二小时而论，可供顾客四万八千人之应用。而公司营业时间于晚上将近完毕之时，该两架自动扶梯，即可同时向下，庶几顾客无劳等候，顺流而下，又不烦举步。其便利与舒适，可想而知矣。”

上海大新百货公司(现为上海第一百货大楼)

中国第一部手扶电梯安装在上海大新百货公司
(现为上海第一百货大楼)(奥的斯电梯，1936 年)

1937 年，上海第一部私人住宅小型电梯，也由奥的斯（OTIS）生产并安装在上海吴同文住宅（上海人称为“绿房子”）。

吴同文住宅由匈牙利籍建筑大师邬达克设计，是一幢道地的现代式花园洋房，四层流线型建筑，钢筋混凝土结构，地上房屋建筑面积 1688 平方米，园地面积 1581 平方米。该建筑落成后在上海滩上红极一时，这座带电梯的私人住宅被称为“远东第一豪宅”。

上海吴同文住宅（上海人称为“绿房子”）

上海第一部私人住宅小型电梯安装在上海吴同文住宅

（奥的斯电梯，1937 年）

吴同文住宅内的电梯可谓一绝。打开电梯外的弧形木门，拉开金属条的移门，里面木料装修的轿厢呈荷叶形。电梯的面积很小，大约只有半个平方米，可以一次乘坐3个人。电梯内两侧还分别装有镜子，方便乘坐电梯的人利用短暂的时间整理衣冠。如今，这部电梯经过鉴定后，获取了《特种设备安全使用合格证》，它一举成为全国最老并具备良好原始性能的可用电梯。

（资料来源：奥的斯官网 https://www.otis.com/corporate/our-company/history/；

雷神技术公司官网 https://www.rtx.com/；

http://sh.sina.com.cn/news/s/2012-06-12/0814220575.html；https://www.shobserver.com/news/detail?id=63295；

黄浦区住房保障和房屋管理局 heritage@huangpuqu.sh.cn；

上海市静安区人民政府 http://wap.jingan.gov.cn/jagl/006001/006001006/006001006001/006001006001002/20061004/b0db322f-9156-47a3-bd9a-c85732da92a1.html；http://history.eastday.com/h/20140613/u1a8146569.html；https://www.thepaper.cn/newsDetail_forward_1250899；（美）加里·阿姆斯特朗、菲利普·科特勒.市场营销学（原书第13版）[M].赵占波，等，译.北京：机械工业出版社，2019：403）

5. 1928年金佰利公司高洁丝卫生巾就曾登陆上海滩

对全球妇女来说，“高洁丝”（Kotex）卫生巾是一种革命性产品。

中国古代女性来月经时，曾使用过各种吸水的材料来处理月事，比如干草、树叶、软化过的纸草叶子、天然海绵、动物的皮毛和羽毛等等。当时的人们还没有生理健康意识，直到上古时期，布料的发明和应用代替了原始的自然材料；后来用粗布条、软布条；而到了近代，又改良成“月经带”，也称月经布、月布，有钱人家垫棉布、草纸，穷人家则塞稻草、柴火灰。在中华民国时期，妇女们将厚厚的一沓土纸放在粗糙的布带上，整个经期都不能解下，想起那几天，很多民国姑娘表示不堪回首：“我不幸，生为女子，每遇经期，潮湿可厌，衬纸粗硬，触肌如刺。精神之痛苦，局外人不知也。”

金佰利公司四位创始人

（图片来源：https://www.kotex.com.cn/story.html）

美国金佰利公司（Kimberly-Clark）是全球健康卫生护理领域的领导者。

1872 年，四位年轻的美国商人，约翰·A. 金伯利、哈维拉·巴布科克、查尔斯·B. 克拉克和弗兰克·C. 沙塔克等在美国威斯康星州的尼那市创立了金佰利公司（Kimberly-Clark）。

1920 年，金佰利公司推出妇女卫生巾“高洁丝”（Kotex），成为第一个被广泛接纳的一次性经期护理产品。高洁丝（Kotex）是世界上第一个妇女卫生巾（Sanitary napkins）品牌，同时也是全球著名妇女卫生护理品牌。一个世纪以来，“高洁丝”（Kotex）卫生巾帮助全球无数女性结束了月经期痛苦，享受到了这款革命性产品所带来的便利。秉持卓越的创新，高洁丝以高品质的产品和贴心的设计，不仅满足女性朋友的生理需求，更令每位女性在生活中倍感呵护和自信。卫生巾是今日妇女经期必备用品。

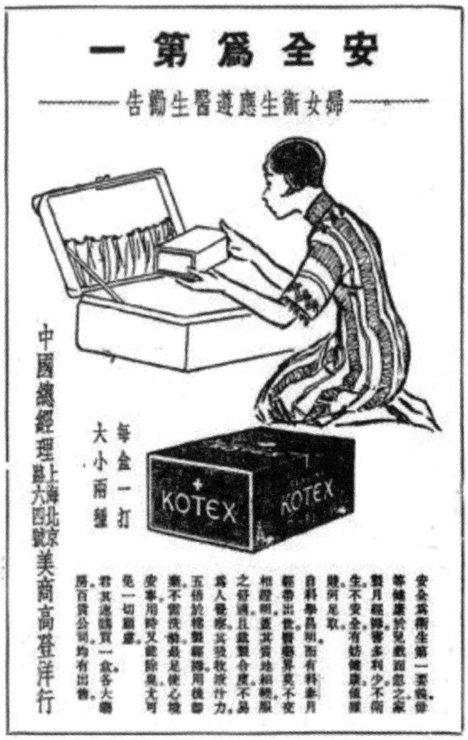

1928 年 4 月上海《妇女杂志》上刊登的“高泰丝”（KOTEX）广告

早在 1928 年，也就是在 Kotex（高洁丝）诞生后的第 8 年，Kotex（高洁丝）就曾登陆上海滩，由美商高登洋行经销，当时 Kotex 中文商标被翻译为“高泰丝”，这是 Kotex 首次进入中国。（注：1994 年，高洁丝 Kotex 再次进入中国，为中国女性带来全新产品体验。）

1928 年 4 月，美商高登洋行在上海《妇女杂志》上刊登“高泰丝”（KOTEX）广告：

安全为第一：妇女卫生应遵医生劝告

安全为卫生第一要义，毋等健康于儿戏而忽之。家制月经褥，害多利少，不卫生，不安全，有妨健康。值虽贱，何足取。

自科学昌明，而有科学月经带出世。医药界莫不交相证明，其质地细软，用之舒适，裁制适合，不易为人觉察。其吸收液汁力五倍于棉制经褥。用后即弃，不需洗涤，最足使心境安宁，用时又能除臭，尤可免一切顾虑。

君其速购买一盒。各大药房，百货公司，均有出售。

每盒一打，大小两种。

中国总经理（上海北京路 64 号）美商高登洋行

1928年6月，美商高登洋行在上海《妇女杂志》上刊登“高泰丝”（KOTEX）广告：

1928年6月上海《妇女杂志》上刊登的“高泰丝”（KOTEX）广告

就医生而问之

医生将曰“经期之中宜用‘高泰丝’。此乃新式科学的卫生月经带也。”故时下妇女过半改用“高泰丝”月经带，不复再用有损健康之自制月经褥矣。

“高泰丝”月经带，质料最软，其吸收汁液力足能十六倍于其重量，用过即可弃去。（盒中附有指示方法）式样合度，宽紧贴体，既感舒适，复难觉察。而且服时又可除臭，更免种种烦虑。

各大药房百货商店均有出售，举名便知。

KOTEX

Sanitary Napkins

中国总经理美商高登洋行

上海北京路64号

（资料来源：金佰利中国 www.kimberly-clark.com.cn/about/kc_global；http://www.kimberly-clark.com.cn/product/female；https://www.kotex.com.cn/story.html；上海中山学社．近代中国（第二十四辑）．上海：上海社会科学院出版社，2015：245-246；一条姨妈巾的中国历险记 http://renjian.163.com/18/1221/11/E3I1D3HV000199ET.html）

第四章 操控价格、垄断市场

价格是市场营销组合中唯一产生收入的因素，也是市场营销组合中最容易调整的因素，同时价格也向市场传递公司对其产品或品牌的价值定位。如产品特色、渠道和促销的调整都会花费更多时间。

价格是产品或服务价值的货币表现。以货币来表示产品或服务的价值就称为产品或服务的价格。在市场经济条件下，任何产品或服务都必须具有价格，供需双方才能进行交易。

从狭义上来看，价格是为产品或服务收取的一笔钱。从广义上看，价格是顾客为享受产品或服务的利益所交换的价值总和。价格历来是影响购买者选择的重要因素。

当公司研发一种新产品、或将原有产品引入新的分销渠道和地区，或者参加新的合同竞标时，公司必须制定价格。

事实上，买卖双方一次交易是否成功，往往取决于价格的高低。价格（Price）是市场营销的“焦点”。

公司在制定其定价策略时，必须考虑许多因素。制定定价策略的六个步骤，见下图所示。

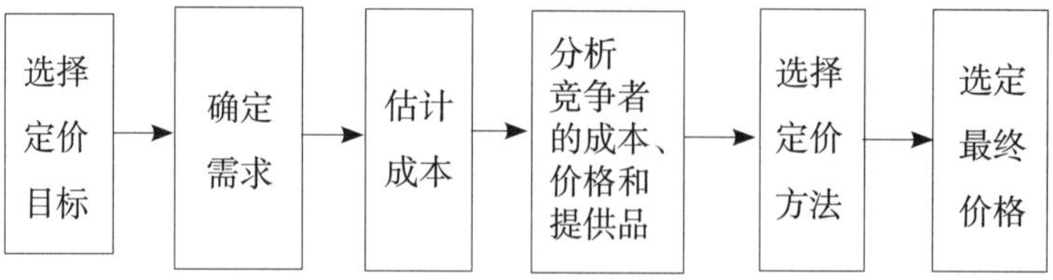

公司制定定价策略的六个步骤图

公司定价太低会损害公司的盈利能力，定价太高则无法产生有效的需求。市场营销理论认为，产品的最高价格取决于产品的市场需求，最低价格取决于该产品的成本费用，在最高价格和最低价格之间，公司能够把产品的价格定多高，则取决于竞争者同种产品的价格水平。公司定价的主要影响因素，见下图所示。

最高价格 （在这个价格上不可能有需求）	顾客对产品价值的看法	竞争者的价格和替代品价格	成本	最低价格 （这个价格上不可能获利）

公司定价的主要影响因素图

公司通盘考虑一个或几个定价影响因素，然后选择一个基本定价方法制定价格。

公司基本定价方法主要有下列三种：

①成本导向定价法：它是一种主要以产品成本为依据的定价方法。成本导向定价法主要有两种：成本加成定价法和目标收益定价法。

②需求导向定价法：它是一种以市场需求强度及消费者感受为主要依据的定价方法。需求导向定价法主要有两种：感知价值定价法和价值定价法。

③竞争导向定价法：它是一种以竞争对手产品价格为主要依据的定价方法。竞争导向定价法主要有两种：随行就市定价法和拍卖式定价法。

公司的定价策略主要有下列三种：

①新产品定价策略。定价策略通常会随着产品沿着产品生命周期的演进而发生变化。在产品导入期的定价尤其具有挑战性。引入新产品的公司面临着首次定价的任务。实践中，新产品定价有两种互相对立的基本策略可供企业选择：市场撇脂定价和市场渗透定价。

新产品定价策略表

策　略	描　述
市场撇脂定价 （market-skimming pricing）	在新产品刚上市时，将价格定得很高，然后随着时间的推移逐渐降价，以便从市场中一层一层地撇取利润。市场撇脂定价的着眼点在于高利润
市场渗透定价 （market-penetration pricing）	为新产品首先设定一个较低的价格，以便能够迅速而广泛地渗透市场，并赢得一个很大的市场份额。市场渗透定价以物美价廉迅速吸引大批量的购买者，很高的销售量又能够降低成本，因此公司可以进一步降低价格。市场渗透定价的着眼点在于占领市场

②产品组合定价策略。如果产品是一个产品组合中的一部分的话，为这个产品制定价格的策略通常也要发生变化。在这个情况下，公司寻求这样一个价格组合，它能使整个产品组合产生的总利润最大化。制定价格会成为一项十分困难的工作，因为不同的产品涉及不同的需求和成本，而且面临着不同程度的竞争。常用产品组合定价策略，见下表所示。

常用产品组合定价策略表

策略	描述
产品线定价 (Product line pricing)	为产品线中的不同产品制定价格
可选择的产品定价 (optional-product pricing)	为一个主要产品的可选择配件定价
附属产品定价 (captive-product pricing)	为那些要与主要产品一起使用的产品定价
副产品定价 (by-product pricing)	为低价值的副产品定价以除掉它们
产品捆绑定价 (product bundle pricing)	为一组一起销售的产品定价
单一价格定价（single price pricing）	为所销售的全部产品制定单一的价格

（资料来源：［美］菲利普·科特勒等．市场营销原理（亚洲版）．北京：机械工业出版社，2006：238. 引用时有增改）

③价格调整策略。公司通常要调整它们的基本价格，以适应顾客的差异以及环境的变化，常用的价格调整策略，见下表所示。

常用价格调整策略表

策　略	描　述
价格折扣和折让（price discounts and allowances）	降低价格以回报顾客提前付款的行动，或促销产品
差别定价（segmented pricing）	调整价格以反映在顾客、产品或地点的差异
心理定价（psychological pricing）	调整价格以产生心理上的效果
促销定价（promotional pricing）	暂时性地降低价格以提高近期销售量
地理定价（Geographic pricing）	按照顾客地理区域的不同调整价格
国际化定价（International pricing）	为国际化市场调整价格

（资料来源：［美］菲利普·科特勒等．市场营销原理（亚洲版）．北京：机械工业出版社，2006：239. 引用时有增改）

1. 英美烟公司跌价倾销垄断中国卷烟市场

跌价竞争，这是外国跨国公司打击中国对手最常用的手段。英美烟公司采用的方法是针对中资卷烟厂比较畅销的牌号，专门生产质量相当的新品牌卷烟，在同一地区跌价销售（有时甚至跌价一半）；对竞争剧烈的卷烟品牌，更是采用随烟附送赠品（包括金戒指、布匹、雨伞、肥皂、毛巾、日历、画片等）的促销方法，一直到把竞争者赶出市场才肯罢休。

在这里值得一提的典型是盛宣怀。盛宣怀（1844 年 11 月 4 日—1916 年 4 月 27 日）是晚清官员、洋务运动代表人物，他亦官亦商。他所督办的“官督商办”企业曾经使一些民族资本家倾家荡产，但是当他自己以民族资本家的身份同外国资本家相较量时，却彻底失败了。早在 20 世纪初期，盛宣怀就集资创办了三星、公顺等卷烟公司。他曾经以中国电报局督办的身份利用电报局的有利条件，派员请各地电报局在香烟宣传和推销上加以协助。他一度曾经雄心勃勃地要同英美烟公司“讲求比赛”，以推销一种“罗汉牌”香烟来对付英美烟公司畅销的“老刀牌”香烟，据说是“寓放下屠刀，立地成佛之意”。但是，最终盛宣怀竞争不过英美烟公司，“罗汉牌”香烟也没有降服“老刀牌”香烟，结果盛宣怀的三星烟厂终于“为英美烟公司跌价倾轧，尽致亏折”“统计各埠亏欠至七万数千元之多”。“权倾朝野”的盛宣怀尚且如此，与他同时期的“华商大小二十余厂无不亏累停止”就更不足为奇了。

20 世纪 30 年代初期，中资华成烟公司的“三鲜牌”香烟在唐山一带颇为畅销，英美烟公司就用“象棋牌”香烟在同一地区倾销，将售价由每箱 81 元削减为 60 元，并每箱赠送肥皂 200 块。不到两个星期“三鲜牌”香烟就在市场上绝迹了。

凡是中资卷烟厂历经艰辛打开销路的香烟品牌，都无一例外地被英美烟公司击垮。英美烟公司针对中资卷烟厂销路好的香烟品牌，在同一地区用某种品牌的香烟削价倾销，来逐一打击并挤垮中资卷烟厂。例如：英美烟公司以“哈德门”香烟打击南洋兄弟烟草公司的“飞艇牌”香烟，以“使馆牌”香烟打击南洋兄弟烟草公司的“白金龙”香烟，以“天桥牌”香烟打击华成烟公司的“金鼠牌”香烟，以“炮车牌”香烟打击振胜烟公司的“黄包车牌”香烟，以“黄金牌”香烟打击福新烟公司的“无敌牌”香烟等等。

英美烟公司的“红印牌”“黄金牌”等两个品牌香烟，就完全是为争夺中国市场而生产的。1928 年以后，中资卷烟厂低级香烟在中国农村市场销售刚稍有起色，英美烟公司就把“红印牌”“黄金牌”等两个品牌香烟，不计成本，贱价倾销，打入中资卷烟厂低级香烟热销的区域，一直把中资卷烟厂香烟打到绝迹为止。

在重庆卷烟市场激烈竞争的初期，南洋兄弟烟草公司的“高塔牌”香烟、华成烟公司的“蓝飞鹰牌”香烟最为畅销。英美烟公司便给以沉重打击，不惜把大“哈德门牌”香烟的售价从每箱 250 元跌至 200 元，“双飞鹰牌”香烟从每箱 140 元跌至 100 元来冲击；同时，零售 10 支装的“哈德门牌”香烟每包批发价只售 4 分、零售 10 支装的“双飞鹰牌”香烟每包批发价只售 2 分（零售摊贩买来售卖每包 5 分和 3 分），目的是提高市场占有率。英美烟公司这样压低香烟价格的结果，迫使中资卷烟厂香烟销路受阻，产量下降，亏损严重，不少小厂无法维持，纷纷倒闭。就是财力雄厚的南洋兄弟烟草公司、华成烟公司等也经不住英美烟公司的反复价格打击，感到难于支撑，每况愈下。

在重庆卷烟市场上，国产香烟的市场占有率由原来的 70% 下降到 30%，英美烟公司香烟的市场占有率则由原来的 30% 跃升到 70%，形成英美烟公司独霸市场的局面。

英美烟公司通过削价倾销，打垮中资竞争对手，实现垄断中国卷烟市场后，就把曾经压低价格的大“哈德门牌”香烟每箱抬高售价为 300 元，“双飞鹰牌”香烟每箱抬高售价为 200 元。尤其是对高级香烟，如“茄立克牌”（THE GARRICK）、大“三炮台牌”“三炮台牌”“绞盘牌”（CAPSTAN，又叫白锡包）、“使馆牌”等香烟，售价昂贵，获利更多，英美烟公司不仅把从前为垄断市场大肆降价的暂时损失全面捞回，而且还赚得了若干倍的暴利。

（资料来源：上海社会科学院经济研究所 . 英美烟公司在华企业资料汇编（第一册）. 北京：中华书局，1983：15−16；上海社会科学院经济研究所 . 英美烟公司在华企业资料汇编（第二册）. 北京：中华书局，1983:679−692；汪熙 . 一个国际托拉斯在中国的历史纪录——英美烟公司在华垄断活动剖析 . 复旦学报（社会科学版），1983（5）：57）

2. 美孚、亚细亚和德士古三大石油公司对华实行价格垄断

在近代，石油是中国重要的进口商品之一。随着中国口岸的开放，输入量越来越大，20 世纪 20 年代以后，美孚石油公司、亚细亚火油公司和德士古煤油公司等欧美三大跨国石油公司垄断中国石油市场经营的格局已经形成。

1870 年，美孚石油公司就通过纽约市场的商人将煤油运抵中国销售。1894 年，英国壳牌运输贸易有限公司和荷兰皇家石油公司（亚细亚火油公司的前身）开始把煤油出口到中国。1914 年，德士古煤油公司将煤油出口到中国。

美孚石油公司“德富牌”（老牌）、“鹰牌”煤油广告

美孚石油公司在华销售的煤油品牌主要有：“德富牌”（Devoe）、“虎牌”（Tiger）和“鹰牌”（Eagle）。

亚细亚火油公司在华销售的煤油品牌主要有：“僧帽牌”（Crown）、“元宝牌”（Sycee）、“十字牌”（Cross）和“红鱼牌”（Fish）。

亚细亚火油公司在华销售的汽油品牌主要有：“壳牌”（SHELL）。

德士古煤油公司在华销售的煤油品牌主要有：

“红星牌”（Red Star）、“幸福牌”（Ying Fook）。

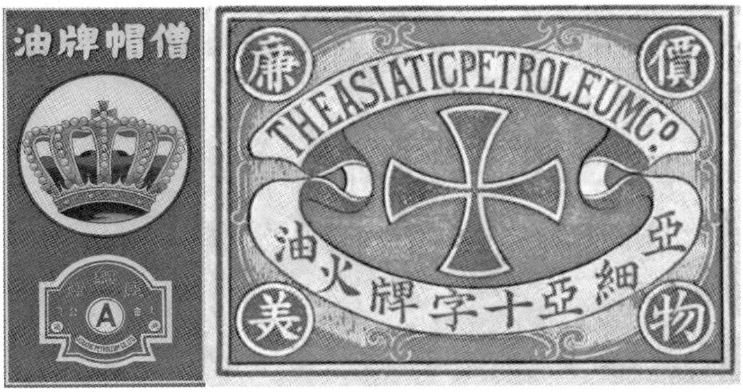

亚细亚火油公司“僧帽牌”“十字牌”煤油广告

亚细亚火油公司“壳牌”汽油广告

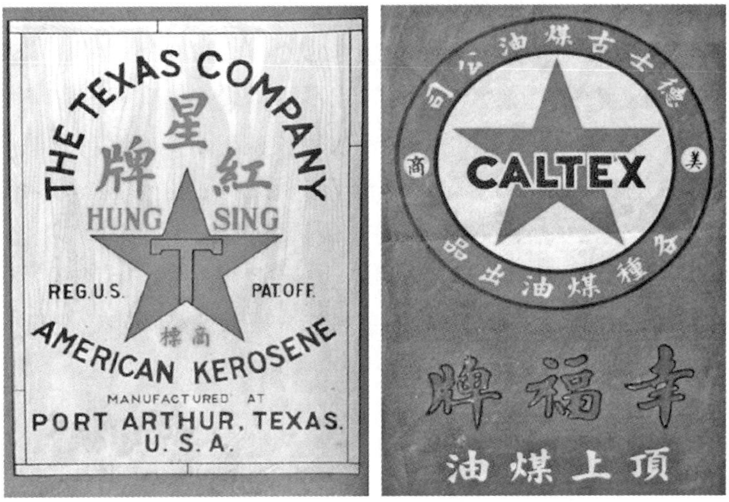

德士古煤油公司“红星牌”“幸福牌”煤油广告

欧美三大石油公司的煤油分听装和散装两种，听装每箱两听，每听5加仑，整听出售；散装则是盛在大油桶内出售，每桶盛煤油53加仑，也有用小油桶盛装，每桶30加仑。

20世纪20年代以后，美孚石油公司、亚细亚火油公司和德士古煤油公司等通过协议规定煤油统一的销售价格和佣金率，因此欧美三大石油公司挂出的石油品牌价格出入不大。1923年1月5日，《申报》对上海各家欧美跨国石油公司总部所做的煤油价格调查如下：

欧美三大跨国石油公司煤油价格表（1923年1月）

公司 （地址）	品牌	价格：银圆 单位：一箱（10加仑）
美孚石油公司 （广东路11号）	"德富牌"（Devoe）（也叫做老牌） "虎牌"（Tiger） "鹰牌"（Eagle）	5 4.9 4.6
亚细亚火油公司 （黄浦滩一号）	"红鱼牌"（Fish） "僧帽牌"（Crown）（新听） "十字牌"（Cross）（散舱）	5 4.6 3.89
德士古煤油公司 （四川路128号）	"红星牌"（Red Star） "幸福牌"（Ying Fook）	5 4.8

（资料来源：《申报》，1923年1月5日；吴翎君.美孚石油公司在中国（1870—1933）.上海：上海人民出版社，2017：174.引用时有增改）

从上述煤油价格表中可以看出，欧美三大石油公司的顶级煤油都是每箱5元（银元），其他煤油价格则依等级有所差别。

民国时期，中国煤油的价格是浮动的，浮动的原因是与外汇（美元）的比价、货源的多寡、季节性消费的增减有关，每天都由欧美三大石油公司各公司根据上海总公司的行盘来公布牌价，价格涨跌都操纵在上海总公司手里。

欧美三大石油公司为了垄断市场，互结勾结，联合起来对付买主。例如汽油，当时买主常采用招标方式整批购买，投标时，三家石油公司暗中串通，美孚石油公司、亚细亚火油公司标价较高，德士古煤油公司标价较低，让德士古煤油公司得标；下次投标时，则美孚石油公司、德士古煤油公司标价较高，亚细亚火油公司标价较低，让亚细亚火油公司得标。如此循环往复，表面上是三家石油公司竞争，降低了汽油售价，实际上是三家石油公司排列先后，分享利润，吃亏的仍然是买主。1933年至1937年间卖给中国镇江、扬州汽车公司的汽油，就是这三家石油公司用轮流得标的方式做成的买卖。

（资料来源：吴翎君.美孚石油公司在中国（1870—1933）.上海：上海人民出版社，2017：170-184；中国大百科全书P1136；郭孝义.三十年代镇扬地区的英美石油公司.民国档案,1985(2):86-93）

3. 福特汽车的定价

福特（Ford）是世界著名的汽车品牌，它为美国福特汽车公司（Ford Motor Company）旗下的两大品牌（福特 Ford、林肯 LINCOLN）之一。

2020 年，美国福特汽车公司（FORD MOTOR）位列《财富》世界 500 强排行第 31 位。

1903 年，亨利 · 福特（Henry Ford，1863 年 7 月 30 日 —1947 年 4 月 8 日）先生正式创立福特汽车公司。

1908 年，福特 T 型车正式量产。

亨利 · 福特（Henry Ford）

福特 T 型车（1908 年）

1913 年，福特汽车首创人类工业史上第一条流水生产线。

福特汽车流水生产线（1913 年）

1922 年，福特汽车公司正式收购林肯汽车公司。

福特汽车在中国的历史可追溯到 1913 年。1913 年，第一批福特 T 型汽车销售到中国。

民国时期，以当时中国的社会经济发展水平而言，汽车的价格非常高，一般人是买不起的。汽车作为一种昂贵的物品，是富有的象征，是中国上层社会身份的标志。

1923 年，福特汽车公司在《申报》上做了一个系列的漫画广告，宣称同“别样牌子的汽车”相比，福特汽车便宜，“只要九百七十两银子”。

案例 1. 福特五座轿车定价：1285 两银

1926 年，福特汽车公司在《申报》上做了广告：

新式改良，福特五座轿车

美国福特厂之大号轿车，定价虽极低廉，而其材料与制造无不十分考究……

漆色美丽，车架全系钢制，水箱大灯之边框镀重镍，座位宽大，皮布遮盖，精制垫背。

定价银一千二百八十五两

自动摩达在内

如装汽球胎加银四十两

西藏路爱多亚路角

独家经理上海美通汽车公司

电话中央三八〇四号

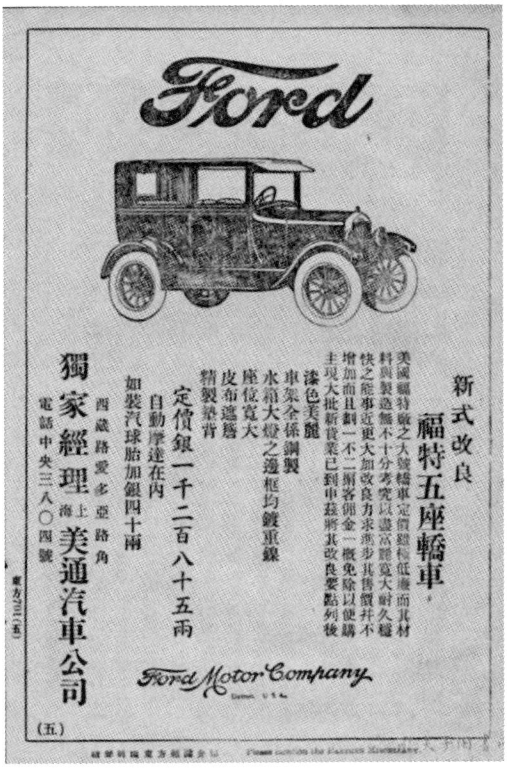

福特汽车广告（《申报》，1926 年）

（图片来源：郑新刚 .1911—1937 年间的《申报》汽车广告研究 . 新闻知识，2013（7）：55）

案例 2. 福特两座轿车定价：1160 两银

1926 年，福特汽车公司在《东方杂志》上做了广告：

新式改良，福特两座轿车

小轿车专备自行驾驶之用，须便利、舒适、美丽、稳快……

定价银一千壹百六十两

自动摩达在内

如装汽球胎加银四十两

西藏路爱多亚路角

独家经理上海美通汽车公司

电话中央三八〇四号

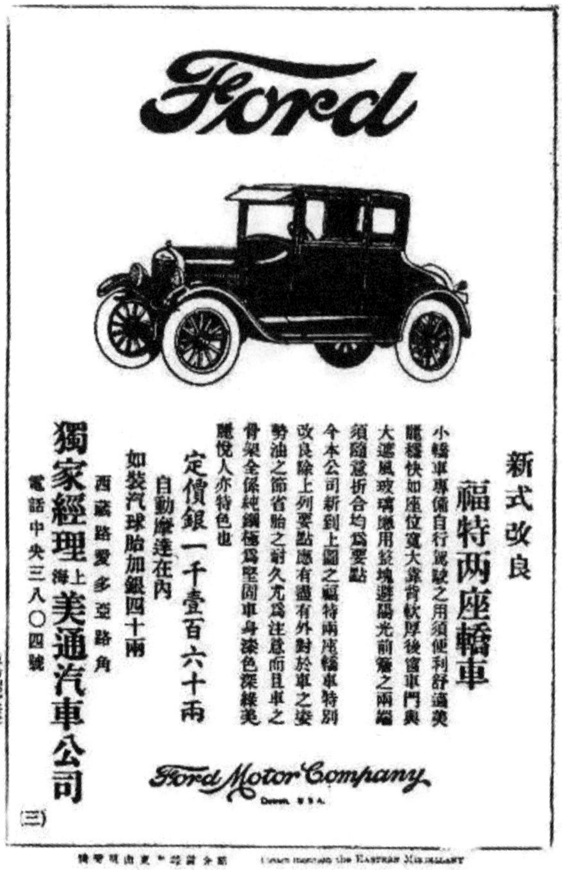

福特汽车广告（《东方杂志》，1926 年）

（图片来源：https://www.sohu.com/a/213439987_203914）

（资料来源：https://www.ford.com.cn/history/；郑新刚 .1911—1937 年间的《申报》汽车广告研究 . 新闻知识，2013（7）：54–56）

第五章
构建渠道、垄断市场

在市场经济条件下，生产者与消费者之间存在时间、地点、数量、品种、信息、产品估价和所有权等多方面的差异和矛盾。企业生产出来的成品，只有通过一定的分销渠道，才能在适当的时间、适当的地点，以适当的价格和方式供应给消费者或用户，从而化解生产者与消费者之间的矛盾，满足市场需要，实现企业的市场营销目标。

所谓分销渠道，通常指促使某种产品或服务能够顺利地经由市场交换过程，转移给消费者或用户消费使用的一整套相互依存的组织。其成员包括产品或服务从生产者向消费者转移过程中，取得这种产品或服务所有权或帮助所有权转移的所有企业和个人。因此，分销渠道包括商人中间商（因为他们取得所有权）和代理中间商（因为他们帮助转移所有权），还包括处于分销渠道起点和终点的生产者、中间商和最终消费者或用户，但是，不包括供应商和辅助商。

分销渠道对产品从生产者转移到消费者所必须完成的工作加以组织，其目的在于消除产品或服务与使用者之间的分离。

分销渠道 (Place) 是市场营销的“关键”。

消费品市场营销渠道图，如下图所示。

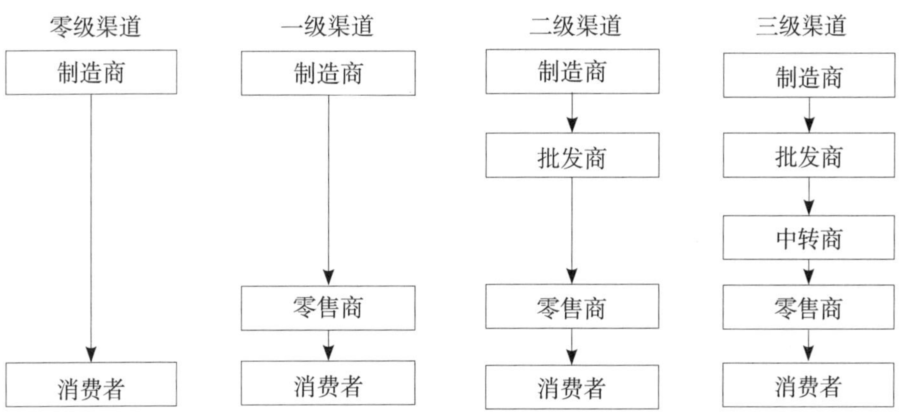

消费品市场营销渠道图

企业的分销策略，主要有下列三种：

（1）专营性分销（Exclusive distribution）

专营性分销，也叫独家分销或排他性分销，它是最窄的渠道。专营性分销意味着严格地限制经营公司产品或服务的中间商数目。它适用于生产者试图对中间商的服务水平和服务量保持控制的情况，并且规定中间商不得经营竞争对手的产品。通过专营性分销，生产商希望中间商对产品有充分的了解，同时以更积极的态度进行销售。专营性分销常常要求公司与中间商之间建立紧密的伙伴关系。例如：高档汽车、新型汽车、大型家用电器、知名品牌时装等，可以采用专营性分销。

（2）选择性分销（Selective distribution）

选择性分销，其渠道宽度介于专营性分销与密集性分销之间。选择性分销只依赖于数量有限的愿意销售某种特定产品的中间商。对于一些已经建立信誉的公司或新成立的公司来说使用选择性分销可以不必担心分销机构太多，可以获得足够的市场覆盖面，有更大的控制权和更低的成本。如多数电视、家具和小家用电器品牌等，适合采用选择性分销。

（3）密集性分销（Intensive distribution）

密集性分销，它是最宽的渠道。密集性分销是制造商尽可能多地在商店中销售商品或服务。例如：香烟、汽油、零食小吃、软饮料、口香糖、报纸和肥皂等，这些消费者倾向于经常购买或者购买地点多样化的产品，适合采用密集性分销。

1. 美孚、亚细亚和德士古三大石油公司建立遍布全中国的销售网络

（1）美孚石油公司在中国的销售网络

美孚石油公司在中国市场居于优势的关键之一，就在于它建立起了成功的销售网络。

从 19 世纪 80 年代开始，美孚石油公司逐步在中国建立起直接销售点。1885 年，美孚石油公司在上海设立第一家公司，1903 年，美孚石油公司在香港设立第二家公司，到了 1908 年它已经在福州、厦门、汕头、广州等地建立分公司。1914 年，为了进一步拓展煤油销售，美孚石油公司开始设置直销网，由纽约总部直接控制，除了中国上海总部外，香港公司为第二层领导，区域公司则设于天津、汉口和东北等地，并且在各中国条约港口和河岸设立分公司。到了 1919 年，美孚石油公司在华有 6 个区域公司，

20 家分公司，500 名经销商，销售网遍布全中国。20 世纪 30 年代，美孚石油总公司、亚洲分部、中国总公司（上海）、区域公司和分公司的销售网及层级关系，美孚石油公司在华销售网络图，如下图所示。

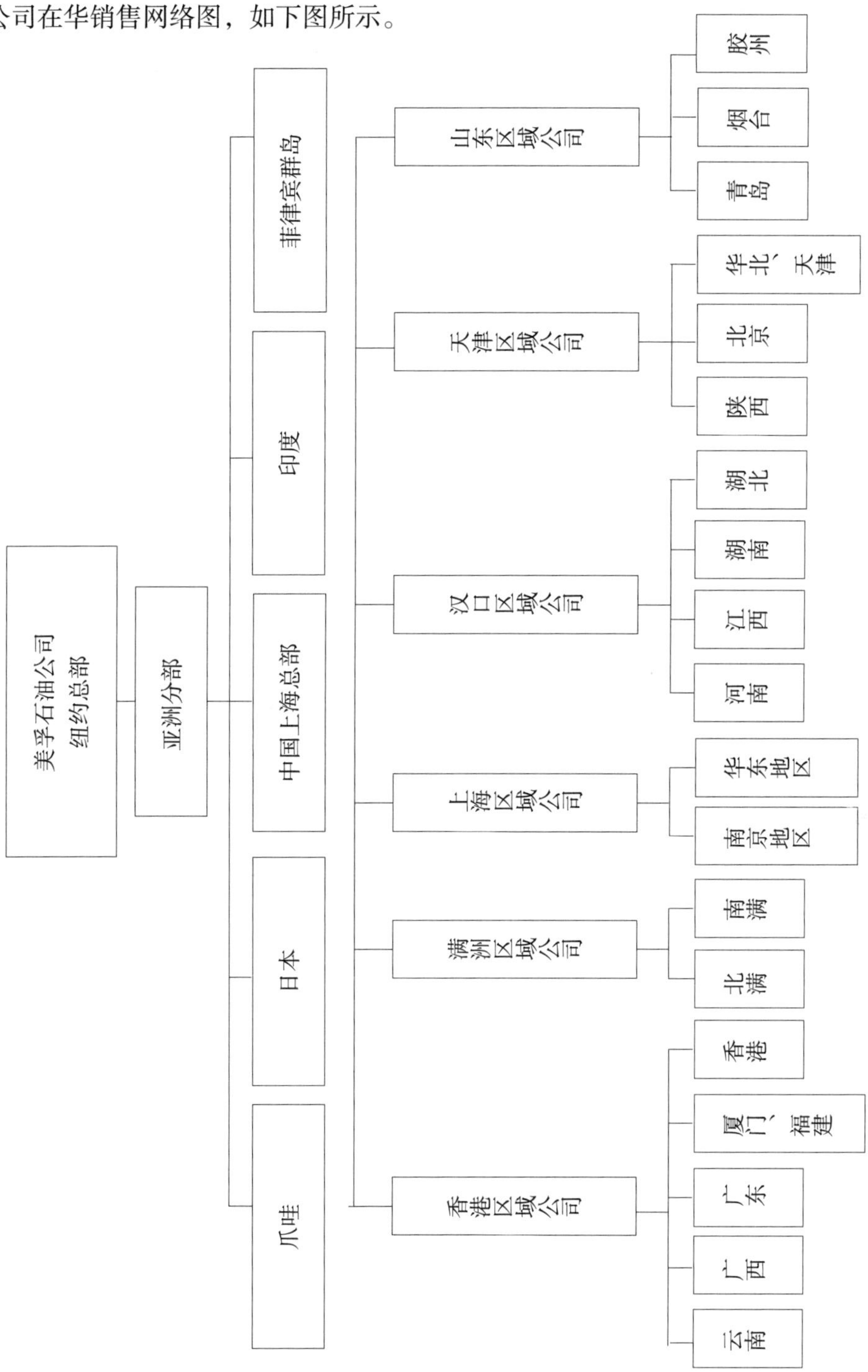

20 世纪 30 年代美孚石油公司在华销售网络图

（资料来源：吴翎君 . 美孚石油公司在中国（1870—1933）. 上海：上海人民出版社，2017:21）

美孚石油公司还在中国修建了大量的储油设施。根据美孚石油公司的报告，在20世纪30年代，美孚石油公司在东北已建成使用的储油点有15个，华北有36个，华中更高达到82个，华南也有13个。这些储油点遍布了中国的几乎所有重要城镇和重要的交通要道。美孚石油公司通过这张巨大无比的储油网将石油分销到中国各地。

为了给这张储油网供油，美孚石油公司建立了自己的运输系统。最大的是美孚石油公司船队，包括远洋轮船、汽船、摩托船、游艇、驳船、散装货船、小驳艇、摩托舢板，当然更有帆船。美孚石油公司在中国内河航行的大小油轮有几百艘，超过中国最大的轮船公司——中国轮船招商局好几倍。作为补充，美孚石油公司还在沿铁路线附近有油池的地方，修筑铁路专用支线。同时，为了更快捷地为各地运送油品，美孚石油公司组织了汽车队，汽车队有货车和油罐车，这些车经美孚石油公司改装后更适合运油，美孚石油公司运输系统的能力十分惊人。

航行于汉口江边的美国油轮，远处左侧为美孚油栈（约摄于1918年）

（图片来源：吴翎君. 美孚石油公司在中国（1870—1933）. 上海：上海人民出版社，2017:155）

（2）亚细亚火油公司在中国的销售网络

亚细亚火油公司（简称亚细亚公司）自1903年成立后，即成为美孚石油公司在中国市场最大的竞争对手。

1907年，亚细亚公司在上海九江路成立机构，自行推销煤油。1908年，亚细亚公司在华机构分为华南和华北两个公司。华南公司设立于香港，资金100万英镑，管理华南各地，包括广东、广西、贵州和福建部分地区的石油运输、销售和储存；华北公司设立在上海外滩1号，资金200万英镑，营业范围为华南公司辖区以外的中国其他地方及朝鲜。1913年起，亚细亚公司正式在中国设立经销机构，在上海、汉口、宜昌、重庆、广州、青岛、天津等地设有分公司。到了1930年左右，亚细亚公司在中国的销售网络已经相当完备：总公司下设分公司（区域公司），区域公司下设支公司，再下层是代理处，最下层是分销处。亚细亚公司在华销售网络图，如下图所示。

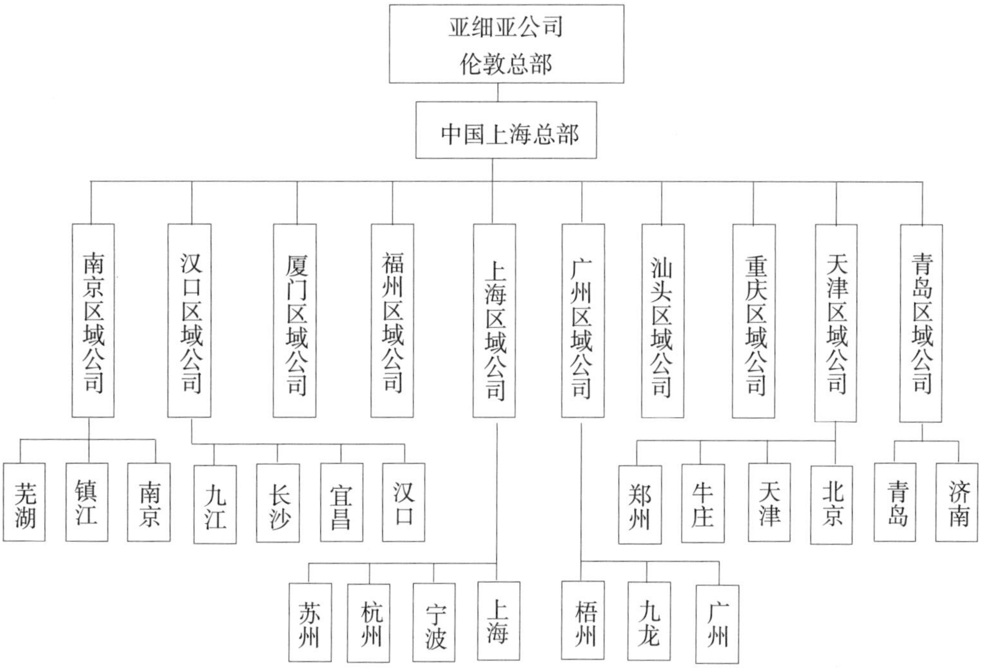

20 世纪 30 年代亚细亚公司在华销售网络图

（图片来源：吴翎君．美孚石油公司在中国（1870—1933）．上海：上海人民出版社，2017:165）

（3）德士古石油公司在中国的销售网络

1913 年，德士古石油公司（简称德士古公司）在上海设立远东代表处，自行经销煤油。1929 年，德士古公司的上海公司扩大为德士古中国股份有限公司（Texas Co.[China],Ltd.），并在中国各城市兴建油栈。1936 年，德士古总公司与美国加州美孚石油公司各出资 50% 合办加州·德克萨斯石油公司。德士古中国公司就转为加州·德克萨斯石油公司设在中国的子公司，德士古、美孚、亚细亚共同成为中国石油市场的三巨头。

德士古公司在中国的全盛时期（1927—1941），共辖有上海、天津、青岛、大连、南京、汉口、香港等七个分公司。各分公司以下再设支公司，支公司以下又按地区分为若干段，管理、联系段内的经销店。德士古公司分布全中国的销售网络，可以与美孚、亚细亚媲美。德士古公司在华销售网络图，如下图所示。

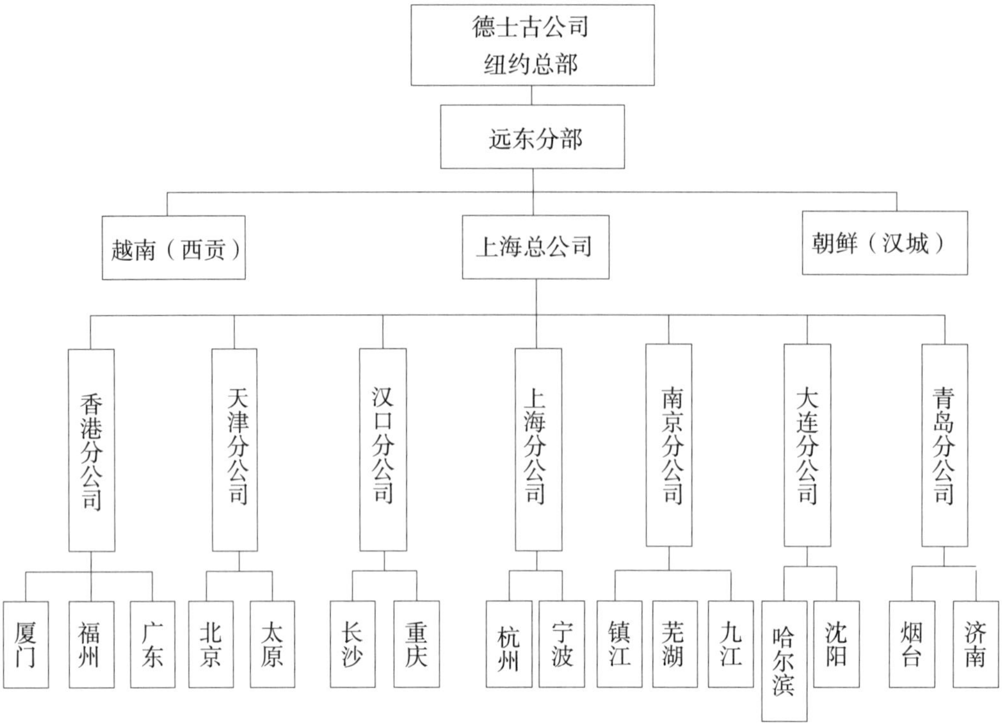

20 世纪 30 年代德士古公司在华销售网络图

（图片来源：吴翎君．美孚石油公司在中国（1870—1933）．上海：上海人民出版社，2017: 170–172）

（资料来源：吴翎君．美孚石油公司在中国（1870—1933）．上海：上海人民出版社，2017：20–21，164–166,170–172；陈礼军 .1870—1937 年外国石油公司开拓中国市场活动探析．中国石油大学学报（社会科学版），2012,28（2）：64）

2. 英美烟公司在华建立排他性销售网络

（1）英美烟公司的销售机构和销售制度

英美烟公司的销售组织分为两条系统：一条是公司管理销售的行政系统；一条是经销商系统。英美烟公司的销售组织系统，见下表所示。

英美烟公司的销售组织系统表

公司系统	经销商系统
部（Department）和区（Division）管辖跨省得出业务区（如南京区辖徐州、蚌埠、正阳关、南京、芜湖、安庆、镇江等地）	督销（总经销 Distributor）

续表

公司系统	经销商系统
段（Territory）管辖相当于专区一级的业务区（如镇江段）	大经理（A-dealer）
分段（District）管辖相当于县一级的业务区（如镇江段的泰县、盐城等）	小经理（Sub-dealer）
推销员（Salesman）	零售商（Retailer）

（资料来源：上海社会科学院经济研究所．英美烟公司在华企业资料汇编（第二册）．北京：中华书局，1983：514）

英美烟公司系统的部、区、段、分段作为公司管理销售的行政机构，本身并不直接经营业务，但“分段”以上均设有仓库，并负责该地区的广告、运输、收款、发货等工作。推销员则系由公司雇用，向零售商领货，然后赴各村镇流动贩卖。部、区皆由外籍职员负责，段长则由华人担任。

英美烟公司经销商系统的督销相当于部、区的业务区域范围的华人经销商，有的以个人名义担任，有的以公司组织形式出现（例如：南京的“久大”、汉口的“义记”等公司）。督销的主要作用有两个方面：第一，保证赔偿大经理、小经理的坏账损失；第二，负责开拓本区的业务。英美烟公司按销售额（以批发价格计算）每月付给督销2%的佣金。大经理由督销保举，由英美烟公司按销售额（以批发价格计算）每月付给大经理0.45%的佣金。小经理由大经理保举，督销核准。“督销”“大经理”“小经理”都需要向英美烟公司直接提供认可的保证。督销、大经理、小经理等这些人都是当地官僚和封建势力的代表人物。督销和各级经理在英美烟公司佣金的刺激下，无孔不入地扩展其香烟销售据点，深入穷乡僻壤开拓业务，是英美烟公司扩展销售的主力军。

（2）英美烟公司要求经销商实行独家分销

英美烟公司的销售网是先以上海为据点而确立长江沿岸和华南的销路，然后分别巩固华北和东北的市场。

英美烟公司从一开始就垄断了上海地区的销售市场，并且在此后的十多年里就逐步在中国各地建立起一个广泛、深入、控制严密的销售网。这个销售网以上海为中心，通过各级销售组织，从城市到乡村，从沿海到边疆，已深入到穷乡僻壤。英美烟公司也曾自夸“北至俄边，西至藏界”，都有它的踪迹。1934年3月20日《申报》刊文报道“许多的乡村中不知道‘孙中山’是何许人，但很少的地方不知道‘大英牌’香烟。”

英美烟公司在华建立排他性的销售网络。凡是英美烟公司的经销商，根据经销合约，一律不准销售其他烟厂产品，以此来堵住其他烟厂的销路。因此，只要是英美烟公司的势力所及，中资烟厂的卷烟就被排斥。

1907年，当盛宣怀自办的三星烟厂被英美烟公司挤垮以后，盛宣怀就指出：排他性的经销制度是英美烟公司"最毒最辣之手段""合同一订，则以后只准销洋公司之烟，而华商所制之烟不准售卖。无论口岸内地所有能销烟之家，均被该公司一网打尽"。

1914 年，当南洋烟草公司同英美烟公司竞争时，处境更糟，英美烟公司的这种排他性的壁垒已深入到零售商一级。

1917 年 11 月 23 日，英美烟公司同买办（Comprador）郑伯昭签订的合约中也规定："本公司继续委任台端为中国'大英牌'香烟的独家经销，其条件：台端在上述期间，除经本公司书面同意外，不得出售任何其他公司的产品。"

以天津为例，到 20 世纪 20 年代末期，英美烟公司在天津的 2 家大经销商、84 家分经销商、1200 个零售商几乎控制了整个天津的卷烟市场。在江南地区，英美烟公司则"以补助利益为饵"(包括对经销商津贴月费，津贴运费，或对零售商给予额外补贴等方式)诱使各经销商和零售摊贩专售该公司的卷烟。当英美烟公司排他性的经销网撒到零售商一级时，中资烟厂的销路也就被切断了，中资烟厂无法继续生存下去。

英美烟公司对经销商的惩罚制度如下：

①推销敌牌香烟者，取消经销权；

②推销不力者，更换人选；

③削价出售或越出销售区域者罚（即惩罚窜货者）；

④放出呆账或因故破产者赔偿。

（注：敌牌，即竞争对手香烟品牌）

（资料来源：上海社会科学院经济研究所．英美烟公司在华企业资料汇编（第一册）．北京：中华书局，1983：14-15；上海社会科学院经济研究所．英美烟公司在华企业资料汇编（第二册）．北京：中华书局，1983：514-543,610-613；张仲礼，陈曾年．英美烟公司的集中领导、分散包销和控制原料的经营管理体制．上海经济研究，1983（4）:28; 汪熙．一个国际托拉斯在中国的历史纪录——英美烟公司在华垄断活动剖析．复旦学报（社会科学版），1983（5）：56；张仲礼．旧中国外资企业发展的特点——关于英美烟公司资本的积累和超额利润．社会科学，1980（6）：54-55）

3. 美孚石油公司的美式特色经销制度

19 世纪 70 年代，最初美孚石油公司采取的销售策略是由美国纽约的煤油出口商买下若干煤油运到中国，再通过中国买办（comprador）销售。中国的买办除了代理美孚石油公司的产品外，还代理买卖多种洋货，例如：洋画、洋镜、银器，以及英美烟公司的香烟等货品。这种通过中国买办的销售方式，美孚石油公司很难取得如美国本土的销售网效率和市场优势，美孚石油公司如果想要开拓中国市场，势必建立一套积极有效的经销体系。

为了使经销代理制度更加趋于完善，美孚石油公司决心建立自己的市场销售系统。1894 年，美孚石油公司首次仿照了"美孚美式特色"（Standard's American characteristics）一部分，在中国各个条约口岸委派经销商（agent），并将经销商组织化，对销售活动密切监督，甚至在重庆口岸也设立有经销商。

美孚石油公司在中国市场营销取得的成功，首先得益于其美式特色经销制度的建立。

一个公司要想成为美孚石油公司的经销商，其程序如下：一般而言，先由美孚石油公司的稽查人员向公司推荐，被推荐者大多是中国地方上的知名人士，又有雄厚资金的殷实富户，往往开有钱庄、百货、杂货等多家商店，有人还是当地商会会长。美孚石油公司审查核实后，便将经销商确定下来，确定后双方即订合同，规定经销商的销售范围、经销项目和向美孚石油公司缴纳作为担保之用的押金即保金的数额。销售范围是以经销商所在的县为界限。经销项目是指煤油等石油产品的品种，其他无关。所以，美式特色经销制度的发展，使得美孚石油公司不直接经营零售业务，而是在所属各县各设置一个经销商，来经营销售一个县的煤油，但是也有个别的经销商经营一个县以上的煤油生意。经销商的设置地点与数额是由县的大小，以及经销商的资金和销售能力决定的。

美孚石油公司的经销商实际上是美孚的分销点，它与美孚石油公司是托售的关系，要按代理契约办事。契约除了限制销售地区范围之外（经销商各有一定销售区域的限制，不可越区销售），还限制销售价格，经销商无权对美孚石油公司规定的托售价格作任何变动。经销商按照自己的代销额向美孚石油公司获取佣金，但是必须先缴纳一笔押金给美孚石油公司，押金的多寡要根据代销额的大小而定，由3000余元至30000余元不等，这笔押金由美孚石油公司给经销商6厘的月利息（即月利息为0.6%）。经销商取得的货物，不论是卖掉，还是卖不掉，每周都要列报一次，卖掉了的货物按规定付款清账；经销商有权同意用户赊账，但是赊销部分完全由经销商自己负责，与美孚石油公司无关。这类赊销的贷款，经销商要于列报后一个月内付款，不得拖欠。因此，卖不出货物的风险主要在经销商身上。美孚石油公司有权随时检查经销商的存货和销货情况，由营业助理和稽察专门负责此事。美孚石油公司检查的范围，除了代理契约所规定的内容之外，有时还涉及经销商的人事。例如：经销商的售货员对用户的态度不好，被反映到美孚石油公司，美孚石油公司就通过稽查人员要求经销商撤换售货员。

到了20世纪30年代，美孚石油公司建立起了全中国的销售网络，“美孚美式特色”经销制度就与纽约美孚石油公司总部联系了起来。

（资料来源：吴翎君．美孚石油公司在中国（1870—1933）．上海：上海人民出版社，2017：13-17）

第六章
注重促销、引领风尚

促销是公司通过人员和非人员的方式，沟通公司与消费者之间的信息，引发、刺激消费者的消费欲望和兴趣，使其产生购买行为的活动。

促销的核心是沟通信息。

促销的目的是引发、刺激消费者产生购买行为。

促销的作用：①传递信息，强化认知；②突出特点，诱导需求；③指导消费，扩大销售；④形成偏爱，稳定销售。

促销（promotion）是市场营销的“手段”。

公司常用的促销方式主要有下列五种：

①销售促进（sales promotion）：各种鼓励购买商品和服务的短期刺激。

②广告（advertising）：由公司以付款的方式进行的创意、商品和服务的非人员展示和沟通活动。

③人员推销（personal selling）：公司销售人员为销售产品或建立顾客关系而进行的展示。

④公共关系（public relations）：通过保持良好的公众形象与公司各方公众维持良好关系，慎重处理不利流言、谣传与事件。

⑤直接营销（direct marketing）：为了获得立即的反馈并培养长期顾客关系，而与仔细选择的目标顾客进行的直接联系。例如：使用电话、邮件、传真、电子邮件、互联网以及其他工具，与具体顾客进行直接沟通。

中国古人说过“酒香不怕巷子深”，同时也说过“货好还需会吆喝”。前一句话“酒香不怕巷子深”，强调了产品质量的重要性；后一句话“货好还需会吆喝”，则突出了促销的关键作用。在市场经济条件下，产品极大丰富，买方占优的今天，后一句话“货好还需会吆喝”，更符合现实并被商家所广泛关注。

公司常用促销方式一览表

销售促进	广告	人员推销	公共关系	直接营销
竞赛、游戏、抽奖、彩票	印刷和广播广告	推销展示	新闻发布会	产品目录
优惠和赠品	外包装广告	销售会议	演讲	邮寄
样品	电影	激励活动	研讨会	电话销售
交易会和贸易展	宣传册	样品	年度报告	电视购物
展览会	海报和传单	交易会和贸易展	慈善捐款	传真
示范表演	目录		出版物	电子邮件
优惠券 coupon	广告软文转载		社区关系	语音邮件
返点、回扣	广告牌		游说	公司博客
低息融资	陈列招牌		识别媒介	网站
娱乐	购买点展示（POP）		公司杂志	
贴旧换新折价	视听材料		公司事件	
搭售	标志和商标			

（资料来源：宁德煌，张晓霞．生活中的市场营销学 [M]. 昆明：云南科技出版社，2015：128）

有一个美国商人做过一个形象的比喻："一个好的商品不做广告，就犹如一个漂亮的女人在一间漆黑的房子里向她的情人暗送秋波。"

过去，有人认为"公司是钓鱼者，顾客是鱼，促销是钓鱼用的诱饵。"按现在市场营销学的观点来看，这种说法是错误的。"顾客是上帝""顾客是公司的衣食父母""顾客是员工的老板或上司"，不能够把顾客看作是鱼，也不能把促销看作是钓鱼用的诱饵，促销本质上是买卖双方的一种信息沟通活动。

公司促销策略有下列两种：

①推式策略：主要是运用人员推销和销售促进的手段将产品推向市场，从制造商推向批发商，从批发商推向零售商，直至最终推向消费者或用户。这种策略通常以中间商为主要促销对象。

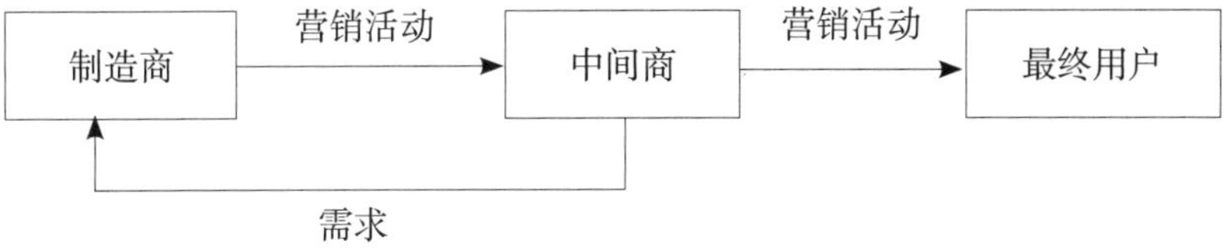

推式策略图

②拉式策略：主要是运用广告和公关宣传手段，着重使消费者产生兴趣，刺激购买者对产品的需要，进而推动消费者向中间商订购产品，然后由中间商向企业订购产品，以此达到向市场推销产品的目的。这种策略以最终用户为主要促销对象。

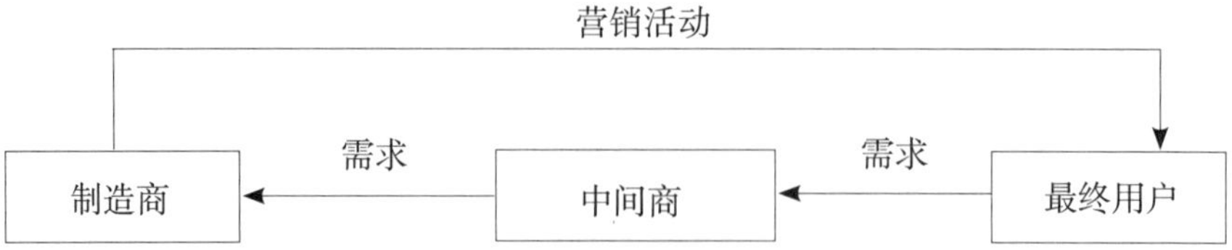

拉式策略图

民国时期，在华跨国公司利用名媛美女、电影、霓虹灯、无线电广播、照相机、火车、汽车、轮船等做广告促销宣传，彼此形影相随，影响着时尚生活潮流，具有划时代的意义。

1. 民国时期的上海：可口可乐广告无处不在

上海位于北纬 31° 14′，东经 121° 29′；地处太平洋西岸，亚洲大陆东沿，长江三角洲前缘；东濒东海，南临杭州湾，西接江苏、浙江两省，北界长江入海口，长江与东海在此连接。上海位于中国南北海岸线中部，交通便利，腹地广阔，是一个良好的江海港口。明代中叶（公元 16 世纪），上海已成为全国棉纺织手工业中心。清康熙二十四年（公元 1685 年），清政府在上海设立海关。清道光二十三年（1843 年），根据《南京条约》和《五口通商章程》的规定，上海开埠。从此中外贸易中心逐渐从广州移到上海。外国商品和外资纷纷涌进长江门户，开设行栈、设立码头、划定租界、开办银行。19 世纪中叶，上海已成为商贾云集的繁华港口。

民国时期的上海是结合了现代性与封建性的城市，经历了开埠后的上海，到了民国时期，已经成为了现代与传统、开放与封闭、都市文明与农业文明、世界主义与民族主义等融合交汇的大城市，而人们也习惯于将上海称为“东方小巴黎”。

20 世纪 30 年代至 40 年代的上海，可口可乐的广告无处不在。可口可乐的广告形式主要有各种户外广告：路牌广告、购买点（point-of-purchase，POP）广告、墙体广告、交通广告、海报等。

（1）路牌广告

路牌广告是专门设在行人较多的马路边上的大型广告，它以图画为主要形式，向受众进行告知性广告宣传，以扩大企业或产品品牌的知名度。路牌广告是一种户外广告（place advertising）。

广告语：“请饮可口可乐”“DRINK Coca-Cola”

广告语：“请饮可口可乐”“DRINK Coca-Cola”

广告语：“DRINK Coca-Cola”“Let’s get a Coca-Cola.”

广告语：“DRINK Coca-Cola”

（2）购买点（point of purchase，POP）广告

购买点（point-of-purchase，POP）广告通常指在零售场所设置的各种广告形式，它是一种户外广告。

广告语：“The pause that refreshes at home. Coca-Cola”

广告语：“请饮可口可乐”

广告语：“Have a Coke. Coca-Cola” “DRINK Coca-Cola”

广告语：“Entertain your thirst” “DRINK Coca-Cola”

广告语：“So refreshing”“DRINK Coca–Cola”

广告语：“So refreshing”“DRINK Coca–Cola”

广告语：“So refreshing” “DRINK Coca-Cola”

广告语：“DRINK Coca-Cola. Delicious and Refreshing”
“Cool contrast to a summer sun”

广告语："DRINK Coca-Cola"

广告语："Pause. Drink Coca-Cola"

广告语：“DRINK Coca-Cola”

广告语：“DRINK Coca-Cola”“DRINK Coca-Cola”

广告语："Pause. Drink Coca-Cola"

广告语："DRINK Coca-Cola"
"请饮可口可乐"

广告语："DRINK Coca-Cola"
"Delicious and Refreshing"
"Face the sun refreshed"

广告语：“DRINK Coca-Cola”“请饮可口可乐”

广告语：“DRINK Coca-Cola”“请饮可口可乐”

广告语：“DRINK Coca-Cola”

广告语：“DRINK Coca-Cola”

广告语：“请饮可口可乐”“DRINK Coca-Cola”

广告语：“DRINK Coca-Cola”
“请饮可口可乐”

广告语：“DRINK Coca-Cola”

广告语：“DRINK Coca-Cola”“请饮可口可乐”

广告语：“DRINK Coca-Cola”“请饮可口可乐”

广告语：“DRINK Coca-Cola”“请饮可口可乐”

广告语："请饮可口可乐" "DRINK Coca-Cola"

广告语："DRINK Coca-Cola"

广告语：“Pause. DRINK Coca-Cola”

广告语：“DRINK Coca-Cola”“ICE COLD”

广告语：“DRINK Coca-Cola” “ICE COLD”

广告语：“DRINK Coca-Cola” “ICE COLD”

广告语：“Pause. DRINK Coca-Cola”.
“DRINK Coca-Cola” “ICE COLD”

广告语：“DRINK Coca-Cola” “请饮可口可乐”
“DRINK Coca-Cola” “ICE COLD”

广告语："请饮可口可乐"
"DRINK Coca-Cola"

广告语："DRINK Coca-Cola"
"DRINK Coca-Cola"

广告语："PAUSE…DRINK Coca-Cola"、"DRINK Coca-Cola" "请饮可口可乐"

广告语：“DRINK Coca-Cola”

广告语：“PAUSE…DRINK Coca-Cola”

广告语：“DRINK Coca-Cola”
“DRINK Coca-Cola”

广告语：“DRINK Coca-Cola”

广告语：“DRINK Coca-Cola” “DRINK Coca-Cola”

（3）墙体广告

墙体广告是在路边建筑物墙体上绘制的广告，它是一种户外广告。民国时期，由于墙体广告成本低廉、制作简便、行之有效，而得到商家积极采用。

广告语：“利春经销可口可乐”

广告语：“可口可乐”

（4）交通广告

交通广告是制作在交通运输工具上的广告，它是一种户外广告。民国时期，因为交通广告制作简便、收费低廉、传递信息面广，很快受到了商家的青睐。

广告语：“DRINK Coca-Cola”

广告语：“AT HOME.AT WORK.AT PLAY. DRINK Coca-Cola”

“居家、工作、游乐时，均饮可口可乐”

（5）海报

招贴即为招引注意而进行的张贴，广而告之。招贴的英文名字叫做“poster”，指展示于公共场所的告示。在国内，张贴也叫做“海报”，据说，在清朝时期，外国人以海船载洋货于我国沿海码头停泊，并将poster张贴于码头、沿街以促销货物，沿海市民便称这种poster为“海报”。以后，凡是有关传递信息的张贴物，都被人们称为“海报”。海报是一种户外广告。

（资料来源:http://www.shanghai.gov.cn/shanghai/newshanghai/上海概览.pdf；https://www.coca-cola.com.cn/shlzpzdkkkl；https://www.coca-cola.com.cn/cocacolavantageposter gallery#）

广告语：“DRINK Coca-Cola”
“美味怡神”“请饮可口可乐”

2. 阮玲玉：中国第一位可口可乐女神

阮玲玉

阮玲玉（1910年4月26日—1935年3月8日），生于上海，祖籍广东香山县。中国无声电影时期影星之一，代表中国无声电影时期表演艺术最高水平，被誉为“中国的英格丽·褒曼”，在民国时期的影坛地位仅次于影后胡蝶。

1924年，可口可乐进入中国上海，与著名的屈臣氏矿泉水公司合作生产。针对年轻人在新生活中追求美味、欢乐和渴望满足的风尚，屈臣氏公司请上海广告画家设计了一幅“请饮可口可乐”的海报。在柔和的灯光中，一位身着华美衣裙的女子坐在酒吧的一角，她优雅地轻握着一杯可口可乐，温柔地望着你。画中人正是阮玲玉。当时阮玲玉正凭借《神女》和《新女性》蜚声影坛。

20 世纪 20 年代阮玲玉代言可口可乐海报

（图片来源：https://www.coca-cola.com.cn/press-centre/image-library/20150426-press-center-image-lib-old-picture2）

就像许多外国跨国公司一样，可口可乐顺应了民国时期女星如云、美女叫座的时代环境，这幅广告画大获成功，诱惑十足。在并不缺乏汽水消渴的上海，可口可乐很快被年轻人接受，被时尚认可，凭借阮玲玉的人气，可口可乐开始进入市民阶层，销量与日俱增，成为了一种流行饮料。

（资料来源：https://www.coca-cola.com.cn/cocacolavantagepostergallery#；由国庆. 民国广告与民国名人. 济南：山东画报出版社，2014：183）

3.“电影皇后”胡蝶代言力士香皂广告

1884 年，英国 Lever 公司开始生产 Sunlight 香皂。1890 年，Lever & Co 成立了

Lever Brothers（利华兄弟）公司。1899 年，Lever Brothers 公司生产出一种新产品——Sunlight 皂片，这种皂片比传统的硬香皂好用，使家务劳动变轻松。1900 年，Sunlight 皂片演变成为力士 (Lux) 皂片。1924 年，力士（Lux）成为最早进入中国的国际品牌。

联合利华（UNILEVER）公司于 1929 年 9 月 2 日由荷兰 Margarine Unie 公司和英国 Lever Brothers 公司合并而成。

“电影皇后”胡蝶

2020 年，英国和荷兰的联合利华（UNILEVER）公司位列《财富》世界 500 强排行第 185 位。

胡蝶 (1908 年 3 月 23 日—1989 年 4 月 23 日)，原名胡宝娟，广东鹤山人。1924 年考入中华电影学校，1925 年拍摄电影《战功》，这是她的处女作。1925 年胡蝶进入友联影片公司，拍摄了电影《秋扇怨》。1926 年，她加盟天一影片公司，拍摄了《梁祝痛史》《珍珠塔》等电影片，从默默无闻一跃而为电影明星。1928 年她加入明星公司，拍摄了《火烧红莲寺》，很快窜红。1930 年，她拍摄了中国第一部有声电影《歌女红牡丹》。1933 年，胡蝶主演了电影《狂流》《脂粉市场》《春水秋波》《盐湖》《姊妹花》《空谷兰》等影片。1933 年，胡蝶获得《明星日报》发起的“电影皇后”选举桂冠。1933 年，在英国利华兄弟公司分公司中国肥皂公司发起的力士香皂电影明星选举及 1934 年中国福新烟草公司发起的中国电影皇后竞选中，胡蝶又连得两元，被人们称为“老牌影后”。

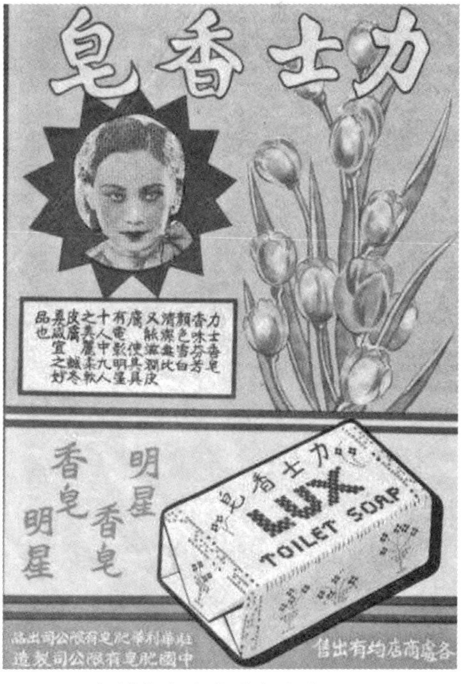

胡蝶代言力士香皂广告之一

“电影皇后”的美誉也让胡蝶成了炙手可热的中外品牌代言人。后来，胡蝶代言的广告有著名的英国“力士”香皂、冠生园月饼、上海大中华布匹公司阴丹士林布等。

民国时期的力士香皂由英国利华兄弟公司在中国的分公司“中国肥皂公司”制造。

胡蝶代言的力士香皂广告之一：“力士香皂”“明星香皂、香皂明星”“力士香皂（LUX TOILET SOAP）”“力士香皂，香味芬芳，颜色雪白，清洁无比。又能滋润皮肤，使其具有电影明星十人中九人之美丽柔软皮肤。诚冬夏咸宜之妙品也。”

胡蝶代言力士香皂广告之二

胡蝶代言力士香皂广告之三

胡蝶代言的力士香皂广告之二和之三：“力士香皂明星”“力士香皂芬芳馥郁，历久不退，且着肤和润，无干燥损肤之弊。敢进一言，以为介绍。胡蝶。”

（资料来源：https://www.unilever.com.cn/about/who-we-are/our-history/；https://www.unilever.com.cn/brands/personal-care/lux.html；http://www.archives.sh.cn/shjy/hsrw/201203/t20120313_6256.html；由国庆．民国广告与民国名人．济南：山东画报出版社，2014：174-178）

4. 英美烟公司电影广告

民国时期，英美烟公司的销售网络遍布于全中国，它与上海《申报》《新闻报》等九种大报订有广告合同，并在各地交通要道树立广告牌，不惜花费大量金钱为其香烟产品进行宣传。

广告的生命力在于表现手法的新颖，以吸引受众的注意力。20 世纪 20 年代，中国近代电影刚刚兴起时，英美烟公司就立刻抓住机会，在城市中利用电影进行香烟广告宣传，收到了意想不到的效果。

1923 年，英美烟公司广告部看到中国人对电影发生极大的兴趣，就想利用电影来为其推销香烟服务，前后投资约 50 万元（银圆）拍摄广告影片，由英国人海勃道夫主持，在上海虹桥路附近购地造屋，成立英美烟公司影片部，由英国人威廉·强生担任主任摄影师。最初，它只拍摄一些记录各地风景、赛船和赛马的新闻片，以及所谓介绍名媛淑女社交活动的短片，在这些短片里面穿插英美烟公司出品的香烟广告以资宣传；也曾雇佣管海峰为导演，由摄影师威廉·强生带着一批人，在天津、北京、苏州、山西五台山等地拍摄外景，完成了《安全第一》之类的广告短片，为英美烟公司的香烟做了大量宣传。这类电影片“开映于电影院中，公司和影院都不出钱。电影院受开映的权利而尽映演的义务，烟公司尽供给影片的义务而收‘借映演以宣传其香烟广告’的权利”。双方就是这样相互利用，来达到促销宣传的目的。1923 年冬天，英美烟公司还派人到东北拍摄了一部纪录片《奉军秋操》，除了为公司的香烟产品进行宣传外，还对奉系军阀张作霖的军队大肆颂扬，这种做法可以看出当时跨国公司与中国军阀势力的相互勾结和相互利用。

在拍电影的同时，英美烟公司还在上海、天津等地收购电影院，建立自己的发行网。1924 年 11 月 1 日，由天津英美烟公司总办柯特珍出资冠名的一家“三炮台”电影院开业。1924 年 12 月份出版的《英美烟公司月报》记载了当日的盛况：“开幕之日，观客极为踊跃，后至者竟无座位。”包括黎元洪及如夫人危文绣在内的天津名流显贵应邀出席。当天放映的电影是《天津赛马》，黎元洪与在座的许多名人被摄入影片，大家被“自己之现身银幕”惊呆了。英美烟公司拍摄的影片，具有一定的广告目的，为促销香烟提供服务，电影票价十分低廉。“三炮台”影院票价分成 3 角、2 角、铜元 16 枚、铜元 8 枚等四种。英美烟公司对于顾客时常赠送香烟，如购买 3 角票赠“三炮台”香烟一盒，购买 2 角票赠“哈德门”香烟或“黄狮子”香烟一盒。“顾客既观优美之影片，复吸香甜之香烟，对于本公司之感情，日益融洽，自不待言也。”到 1925 年 4 月，英美烟公司仅在上海一地已经有“闸北”“大英”“新芳”“宝兴”“自由”等五家电影院。

1926 年 2 月 4 日，英美烟公司红印影片公司（Red Seal Film Co.[China],Ltd.）成立，

它的主要职责是为英美烟公司拍摄产品广告，后来也拍摄电影，借电影宣传英美烟公司产品，取得了很好的效果。

电影广告是英美烟公司区别于其他外国在华公司的一大特色。虽然“上海的电影院在放映舶来无声电影（默片）时代，即有为外商宣传商品的电影广告”。但像英美烟公司这样大规模、成系统的绝无仅有。

（资料来源：上海社会科学院经济研究所．英美烟公司在华企业资料汇编（第一册）．北京：中华书局，1983：51–52；上海社会科学院经济研究所．英美烟公司在华企业资料汇编（第二册）．北京：中华书局，1983：709–710；王强．近代外国在华企业本土化研究：以英美烟公司为中心的考察．上海：上海人民出版社，2012：27；黄玉涛．民国时期商业广告研究．厦门：厦门大学出版社，2009：178–179；仝群旺．近代外国在华企业销售人才本土化分析——以英美烟公司为例．历史教学，2008(22):55；曲振明．英美烟公司与天津早期电影 http://news.163.com/17/0421/09/CIHMFBVI000187VJ.html；黄玉涛．民国时期商业广告研究．厦门：厦门大学出版社，2009：178）

5. 英美烟公司交通广告

民国时期，我国交通事业一度发展迅速，交通广告也因此盛行起来，电车、汽车、轮船、火车等交通运输工具都可以做广告。交通广告制作简便、收费低廉、传递信息面广，很快受到商家的青睐。

在户外广告中，街车逐渐成为流行的广告媒介。20 世纪初，上海刚刚有汽车，一些聪明的商家就在自家运送货物的汽车车厢两侧绘上公司名称、商标、品牌等，做不花钱的广告。

英美烟公司运送卷烟的火车上印有公司的中英文名称

（图片来源：https://www.eastobacco.com/ycwh/ys/200810/t20081023_182975.html）

英美烟公司利用多种广告宣传媒介对其产品进行大规模深入宣传，从而对消费者的购买心理产生影响，最终达到了宣传其产品并刺激消费者购买欲的目的。

英美烟公司在广告宣传形式上力求体现新颖奇特的风格。英美烟公司认为“黄包车之背上，行使内地之舟”、轮船及火车等交通工具上、“日记簿及旅行各具”等日常用品上，“皆可作广告”，只有采用“新颖之法”才能“人人注目”，达到广告宣传的效果。

英美烟公司公司售烟小推车上印有公司的中英文名称

（图片来源：https://www.eastobacco.com/pub/web/luyanshichuang/201608/t20160829_409178.html）

有一年端午节期间，湖南省祁阳英美烟公司特意在浯溪河制作泊靠一艘大型哈德门广告船，在船的两旁悬挂中国、英国的国旗，中间悬挂万国国旗，全船贴满各种广告，用香烟壳嵌成“哈德门”“大哈德门”“英美烟公司”“良辰美景”“赏心乐事”等字样，船内设有售烟处和抽奖处。端午节那天，游人将这艘船重重围绕，购烟抽奖者拥挤不堪，这次船体广告起到了很好的宣传作用。

（资料来源：张小莉．英美烟公司在华促销策略初探．北京师范大学学报(人文社会科学版),2001（2）：136；黄玉涛．民国时期商业广告研究．厦门：厦门大学出版社，2009：167）

6. 英美烟公司霓虹灯广告

电灯最初进入上海以后，已经被商家用于简单的户外广告，既照明又可以吸引用户，广告使用的比较简单，仅是悬挂。随着西方文化与科技的进一步侵入，1902 年，法国人 Georges Claude 发明了霓虹灯，1921 年，霓虹灯就被带到了上海滩。1926 年，上海南京路伊文斯图书公司在其橱窗内用霓虹灯安装了一幅“ROYAL 打字机”英文广告吊灯，这是我国最早的霓虹灯广告。

1928 年，由美商丽安公司承制、英美烟公司安装在西藏路大世界对面、清虚道观门前的红锡包香烟（大英牌香烟）广告，除“红锡包香烟”五个大字外，还有香烟一包，烟支由烟盒内一支支顺次跳出，最后一支是点燃着的香烟，烟头上还有青烟缭绕。这是上海解放前最大的霓虹灯广告，引人注目。

1928 年英美烟公司在上海的霓虹灯广告

（图片来源：http://k.sina.com.cn/article_7408443326_1b993dfbe00100qcto.html?from=news）

（资料来源：上海社会科学院经济研究所．英美烟公司在华企业资料汇编（第一册）．北京：中华书局，1983；https://www.sohu.com/a/236496597_99950487）

7. 英美烟公司无线电广播广告

1948 年 1 月 27 日，上海英美烟公司广告部在致本公司函件中有记载：

通过短波向全中国进行无线电广播

最近几个月来，我公司在每天晚上（除星期日外）6:05 至 6:45 时间内，在上海广播电台XLAI长波“苏州评弹节目”中，已经对“大前门”“三炮台”和“绞盘”（白锡包）香烟做了广告。虽然能收听到的范围只限于上海附近的地区之内，而我们收到的反应是非常令人鼓舞的。因此，我们决定作进一步的安排，通过短波向全中国各地进行宣传广告。

从2月10日开始，我们已经洽妥，在上海XORA中国短波广播电台（11690千周）每天晚上9:30—11:00的时间内，由著名剧团演出的两家上海剧院的京剧实况转播节目中，插入我公司香烟的宣传广告。

在介绍转播节目的时候，我公司作为“哈德门”香烟的推销人，将宣布我们是这次节目的举办者。在节目转播过程中的适当间隙时间内，将插入有关“哈德门”的谈话广播。在节目转播结束时，将再次指出我公司是这次节目的举办者。

这些节目，只要收听无线电短波，在中国境内的任何地方都应当是可以收听得到的。

（资料来源：上海社会科学院经济研究所．英美烟公司在华企业资料汇编（第二册）．北京：中华书局，1983：707）

8. 英美烟公司主动慈善捐款与塑造公司良好形象

英美烟公司自清末进入中国市场后，要在中国陌生的社会环境中经营，如何尽快融入中国社会中去，通过什么样的方式能够获得中国消费者的认同，是摆在英美烟公司决策者面前的现实问题。英美烟公司很快认识到，在把乐善好施作为社会美德的中国社会，主动参与一些慈善活动，的确是一个自我宣传扩大影响、争取中国社会认可的好方法。

从1919年开始，英美烟公司就在中国进行各种慈善捐款活动。在英美烟公司的内部刊物《英美烟公司月报》上，每期都会有当月进行社会慈善活动尤其是社会捐款的记录。英美烟公司的慈善捐款活动不仅是一种经常性的行为，而且其捐款的对象十分广泛。1946—1948年，英美烟公司捐款对象及金额，可见下表。

1946—1948年英美烟公司捐款对象及金额表

日期	机构名称	金额
1946年12月	青岛美童公学	美金500元
1947年1月23日	英侨福利基金	英镑5000镑
2月23日	救世军	法币50万元
3月3日	虹桥路中国盲童学校	法币15万元

续表

日期	机构名称	金额
3月3日	青岛费伯国际医院	法币600万元
3月17日	上海青年会	法币50万元
4月21日	美国军团公墓	美金75元
4月21日	上海三一教堂	法币150万元
4月21日	香港联合教堂	港币5000元
4月21日	香港圣约翰教堂	港币5000元
6月2日	修女济贫院	法币25万元
6月30日	英侨俱乐部	法币2500万元
6月30日	中国青年会	法币500万元
1947年7月14日	广东水灾救济基金会	法币1000万元
8月11日	北平美童公学	法币1000万元
9月22日	广东水灾救济基金会	法币30000万元
9月22日	汉口联合医院	法币200万元
10月6日	圣蒂昌孤儿院	法币250万元
10月6日	天津麦肯齐医院	法币500万元
10月20日	圣家族协会	法币1000万元
11月3日	上海女青年会	法币900万元
12月15日	青岛市政府难民救济会	法币2000万元
12月15日	南京聋哑学校	法币1000万元
12月15日	沙莱教会研究会	法币500万元
12月29日	肺病防治协会	法币500万元
12月29日	唐博斯科孤儿院	法币200万元
1948年1月12日	中国麻风病患者协会	法币100万元
1月26日	圣奥尔加孤儿院	法币200万元
2月9日	汉口国际医院	美金50元
2月23日	上海救世军	法币7500万元
3月8日	上海国际保护动物会	法币200万元
3月8日	葡萄牙慈善会	法币7500万元

续表

日期	机构名称	金额
3月8日	皇家女儿协会	法币1000万元
3月8日	上海圣戴维协会	法币300万元
3月8日	上海青年会	法币200万元
3月22日	沪江大学图书馆扩建工程	法币5000万元
4月5日	葡萄牙慈善会	法币5000万元
4月5日	上海三一教堂	英镑30镑
4月5日	南京女青年会	法币500万元
4月21日	宁波圣文森孤儿院	法币1000万元
5月3日	国际体育俱乐部	法币1000万元
6月28日	浦东圣法米尔医院	美金150元
6月28日	上海英国国旗俱乐部	法币4400万元
7月26日	天津麦肯齐医院	美金150元
8月9日	北平中国大学	英镑200镑
8月9日	广州游泳俱乐部	港币500元
8月9日	镇江地方政府防火计划	法币10000万元
9月6日	青岛特别救济委员会	金圆券33333元
9月20日	上海救世军	金圆券1600元
10月18日	南京俱乐部	金圆券150元
11月15日	上海女青年会	金圆券3000元
11月15日	葡萄牙慈善会	金圆券5000元
12月13日	沙莱教会研究会	金圆券2000元
12月13日	唐博斯科萨利塞协会	金圆券800元
12月13日	广州俱乐部	港币1000元
12月13日	浦东民团	美金15元
12月28日	东三省逃亡学生协会	金圆券500元
12月28日	肺病防治协会	金圆券5000元

（资料来源：上海社会科学院经济研究所．英美烟公司在华企业资料汇编（第二册）．北京：中华书局，1983：730-732）

从上表资料可以看出，英美烟公司的慈善捐款活动具有以下三个特点：

首先，捐款对象相当广泛。英美烟公司捐款对象不仅有孤儿院、学校、医院、教堂、俱乐部等，还有一些社会团体，如各种协会、各种基金会，以及各种慈善、救济组织等。

第二，捐款活动十分频繁。从日期统计上看，英美烟公司几乎每月都有捐款，虽然捐款数额大小不等，但是却十分频繁，有时甚至一天有数笔捐赠，可见英美烟公司在社会慈善活动方面的活跃程度。

第三，捐款区域遍布中国。从地域上看，英美烟公司捐款的区域遍布全国各地，从城市到边远地区的乡村，从东北到华北、华中、华东和华南，几乎都可以看到英美烟公司的身影。

总之，英美烟公司主动参与中国各类慈善捐款活动，热心公益事业，建立了英美烟公司良好社会形象。

英美烟公司还很善于使用形象策略，而且改善形象的手段丰富多彩，极为灵活：

（1）标榜中国公司，抵消爱国情绪

其一，创建合资公司，起用中国买办。英美烟公司意识到它作为一个国外企业，尤其是在帝国主义炮舰掩护下登陆中国市场的企业，要想改善自己的形象，只有利用中国买办创建英美烟公司控股的中国企业——黄皮白心的企业，才能让中国人有好感，才能迅速占领市场。于是，1921 年，英美烟公司利用买办郑伯昭创设了永泰和烟草股份有限公司，在这个公司里英美烟公司有控股权。永泰和实际上就是英美烟的子公司，但由于是中国人郑伯昭经营，让中国人以为其是中国公司，从心理上容易接受其商品，从而减弱了抵触情绪，这样一来英美烟的形象也得到一定改善。

其二，更改企业名称，加注中国股份。英美烟公司一直在想方设法改善自己的形象，但还是在五卅运动中遭受沉重打击。英美烟公司开始明白作为一个外国公司即使再努力改善形象，还是会受到中国人民的敌视和抵制，英美烟公司的董事 D.M 奥本海姆在写给北平英美烟公司经理的信中就指出：“我们组成新的颐中烟草公司和颐中运销烟草公司的主要目的之一是尽可能远离反对外国人和外国公司的偏见和歧视有关的‘英国’和‘美国’字样”。于是，英美烟公司决定改头换面重新包装，让企业在表面上彻底中国化。1934 年，驻华英美烟公司正式更名为中国颐中烟草公司，并赠招华股，每股一百元，股息年利六厘。英美烟公司还拉孔祥熙、宋子文等人入股，以扩大影响力。英美烟在内部组织、经销体系、人事关系等不变的情况下，改变公司名称，增添中国资本，对于外界确实起到了改善自己形象的作用，这一举措使当时很多中国人认为英美烟公司确实成为中国公司，从而缓和了中国人反对情绪。

（2）标榜诚信经营，赢得社会信任

英美烟公司经常标榜自己诚信经营，它意识到只有这样才能树立良好的经营形象，

建立良好的商誉。英美烟公司就曾“设法在新闻报、申报的广告版上刊登了一个很大的‘诚’字，意谓英美烟公司是诚信经营的”。

英美烟公司为了保持商誉，还主动控制价格，据颐中档案记载，“每一区的业务区域内的价格，无论远近都是统一的，各级经理必须按规定价格出售，违者取消经理资格。”例如：上海英美烟公司生产的老刀牌香烟，在上海售价是每箱245元，运到天津或赤峰销售售价仍然不变，这样一来，各分公司无权擅自将英美烟公司的产品任意加价，赢得了小经销商的一致好感，从而建立了商誉。

除此之外，面对普通烟民，英美烟公司也很注重自己的产品质量，汉口英美烟公司就曾将历来所存霉烟全部收回，堆积于闹市之中集中焚毁，以示公司不以霉烟害人。并通过电台和报刊杂志广泛宣传霉烟有毒，吸之有害，最终人们对英美烟公司增添了信任，认为还是英美烟公司讲诚信、有商誉，以后吸烟还是要买英美烟的产品，英美烟在消费者中赢得了声誉，扩大了产品销路。

（资料来源：上海社会科学院经济研究所.英美烟公司在华企业资料汇编（第一册）.北京：中华书局，1983：37−38；上海社会科学院经济研究所.英美烟公司在华企业资料汇编（第二册）.北京：中华书局，1983：721−732；王强.近代外国在华企业本土化研究：以英美烟公司为中心的考察.上海：上海人民出版社，2012：203−208；吴锐.近代英美烟公司在华形象策略分析.河西学院学报，2008（6）：77−78）

9. 美孚石油公司用全版巨幅报纸广告宣传公司形象

20世纪20年代，德士古石油公司、美孚石油公司、亚细亚火油公司等三大英美石油公司在华竞争日趋激烈，报纸广告的促销也日益普遍，并且往往配合中国的重要节庆日做宣传配合，以博取中国人对外国石油公司的好感。

1925年（民国十四年）10月10日中华民国国庆节当天，美孚石油公司在《申报》刊出少见的全版巨幅广告《五十年之服务》，特别引人瞩目。该广告讲述了美孚公司来华50年的历史，以及美孚公司对中国人民的深厚感情：

五十年之服务

本公司在华创设于今五十年矣。此五十年中，公司全力进行以维持历年令誉于久远，时时以最美出产品，供华人之采办。盖唯一目的，乃即真恳诚挚亲善友谊之彻底服务，博取人士之好感与信仰也。

本公司各种美国出品，不一而足。至于牌号，普遍中国境内，几于家喻户晓。如著名之老牌牌号，固已人所皆知，无须更赞一字，他若鹰牌亦复也驰誉遐迩，乐于购用者，不知其几千万人。

除上述老牌鹰牌美孚外，他如汽车油、机器油、火漆、洋烛、石脑油及柏油等超等质地，咸极精优。近更设工厂于浦东，除制造大宗著名美孚灯外，并精造玻璃器皿。以上各项物品，常备现货，任客随时采办，且价格最低，允为特色中之特色。今逢双十令节，申报发行国庆增刊，本公司特登广告，籍表对于无数中华顾客，永久赐顾之谢忱。并祝各界事业日隆，进步无量，且源源赐顾。情感弥笃，无任荣幸感祷之至。

纽约百老汇路二十六号，美孚洋行谨启

上海分行　广东路十一号

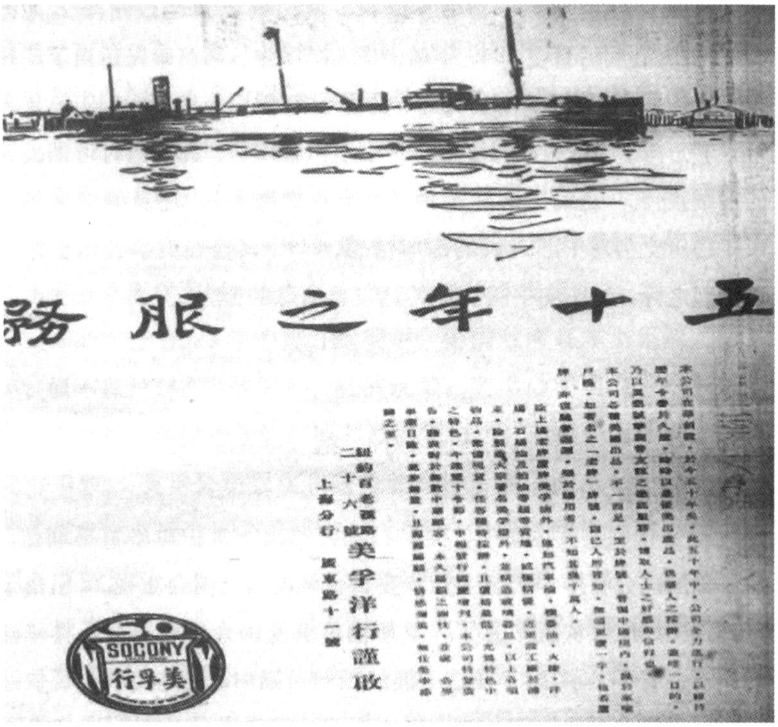

美孚广告《五十年之服务》

（图片来源：《申报》1925 年 10 月 10 日）

上述广告文中也说明了 1925 年美孚石油公司上海分行，除以石油产品为大宗外，也经营相关产品，例如：火漆、洋烛、石脑油及柏油等，同时于浦东设厂，制造著名的美孚灯和玻璃器皿等副产品。这份广告属于公司形象广告。在民国时期的报纸广告中，这种全版巨幅广告很少见，而以外国公司身份庆祝中华民国国庆的广告则更是极少见。

（资料来源：吴翎君．美孚石油公司在中国（1870—1933）．上海：上海人民出版社，2017:27-28；139）

10. 美孚石油公司交通广告

开埠早期外商入华，就开始使用各种形式的交通工具作为广告的载体。而广告真正大范围应用于交通工具，还是在公共交通出现之后。

美孚石油公司有专门的运油车，其车身上印有美孚石油公司的英文名称，车辆在作为运输工具的同时也成为了广告媒体。

美孚石油公司还曾利用自己的运输船队在中国内河作帆船广告。

20 世纪 30 年代美孚公司用于上海内河宣传的广告船

（资料来源：黄玉涛.民国时期商业广告研究.厦门：厦门大学出版社，2009：167–168；黄展.民国时期上海的户外广告.https://www.sohu.com/a/236496597_99950487）

11. 柯达的《柯达杂志》和电影镜箱广告

1880 年，美国人乔治·伊士曼（George Eastman）在纽约州罗切斯特市，利用自己发明的专利技术开始了摄影干版的商业化生产。

1881 年，乔治·伊士曼和亨利·A. 斯特朗（Henry A. Strong）合伙成立了伊斯曼干版公司（Eastman Dry Plate Company），这就是美国柯达公司的前身。

1888 年，“柯达”（Kodak）这个名字诞生了，柯达相机投放市场，柯达公司还推出了著名的口号：“你只需按动快门，剩下的交给我们来做。”

1888 年在纽约刊登的柯达相机广告

（图片来源：http://news.163.com/photoview/3R710001/20152.html#p=7NVDNE7T3R710001）

1892 年，乔治·伊士曼将公司的名称改为伊士曼柯达公司（Eastman Kodak Company）。

民国时期，美国柯达公司开始进入中国市场。最初通过发行免费杂志《柯达杂志》吸引了大量会员，而后又依靠《柯达杂志》平台举办了每月一次的摄影竞赛，获奖作品将刊登在杂志上。《柯达杂志》因此吸引了数万业余摄影爱好者，成为当时中国发行最广的、数量最大的摄影杂志。柯达公司在中国的销售额也因此迅速上升。

20 世纪 30 年代，中国的时髦一族热衷追星，迷恋电影。美国柯达公司在《良友》杂志上推销新奇的“家庭电影镜箱”。广告语为：“柯达镜箱之精妙早已脍炙人口。近年电影盛行，柯达公司应时代之需要，特制柯达家庭电影镜箱，以期人人可以自拍电影。柯达家庭电影镜箱小巧简便，拍时只将按钮一掀，箱内马达立动，不必手摇。

民国时期的《柯达杂志》

（图片来源：http://news.163.com/photoview/3R710001/20152.html#p=7NVDNE7T3R710001）

自然放片，与拍快镜同样容易。印出影片，用柯达银幕与柯达放映机，即可在家中放映。光线之清楚，人物之活泼，与著名电影并驾齐驱。”

柯达家庭电影镜箱

（CINE-KODAK 8 Camera 8mm）

（图片来源：https://www.sohu.com/a/395073371_120067213）

柯达家庭电影镜箱广告

（图片来源：《玲珑》1936 年（民国二十五年）第六卷第五期 https://www.sohu.com/a/395073371_120067213）

（注：2012 年 1 月 19 日，美国柯达公司已经正式向纽约曼哈顿的一家法院提交了破产保护申请。所谓破产保护申请是指，根据美国法律，当一个公司面临山穷水尽的境地时，可以援引《破产法》的相关条款来重组业务，以争取再度盈利）

（资料来源：https://www.kodak.com/en/company/page/milestones；由国庆 . 民国广告与民国名人 . 济南：山东画报出版社，2014：35-36）

12. 亚细亚火油公司的宣传画

20 世纪初，亚细亚火油公司在一张宣传画中写道：

诸君诸君，本公司有很好的火油，共是两个牌子：一个是铁锚牌，还有一个僧帽牌。当今最美最好的就是这两个牌子。出产丰富，所以价值格外便宜。诸君，瞧瞧吧。这火油点起来能够（彀）耐用，光如白昼，洁净可爱。

本公司格外精益求精，木箱结实，铁桶更是坚固，运往远处实为佳品。因此，市上人人争买，诸君试试便信为实。

请看环球最美最好的红鱼牌火油，这宗火油实在特别，美品木箱十分厚重，铁桶坚固异常，虽是运往远道，遇崎岖的路，遇高山峻岭，此油断无渗漏。

这宗火油是特为东三省运往远道而制。

诸君诸君，如夜间屋里要光明，请购红鱼牌的火油便得。

亚细亚火油公司谨启

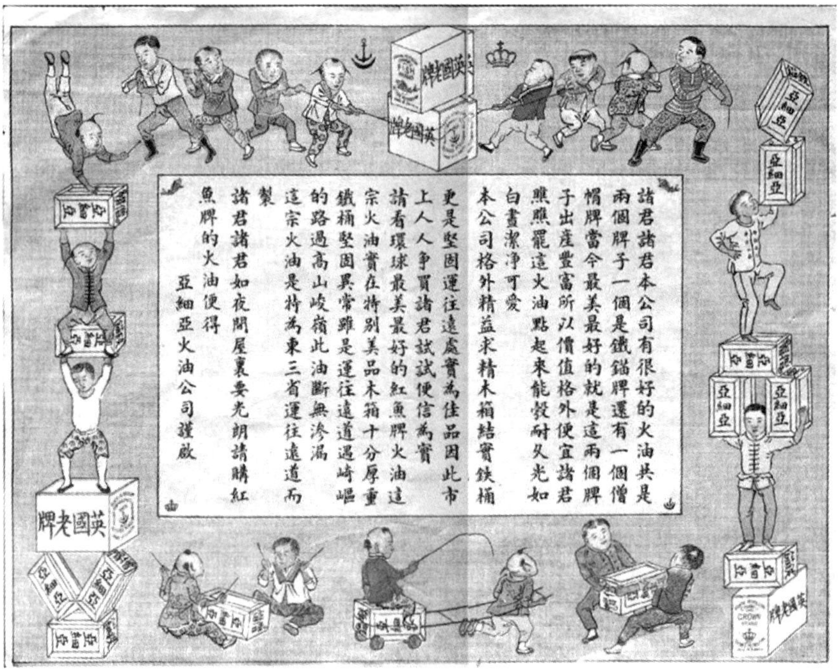

20 世纪初亚细亚火油公司的宣传画

（资料来源：https://www.shell.com.cn/zh_cn/about-us/who-we-are/shell-china-history/_jcr_content/par/textimage.stream/1519810195490/b373b5e45570230306bc7af4b7a6e89cb215c14f/looking-to-the-long-term-the-story-of-shell-in-china-2014.pdf）

13. 别克汽车：中国政界要人、商贾巨富的首选座驾

1903 年，苏格兰人、天才的机械发明家和汽车工程师大卫 · 邓巴 · 别克（David Dunbar Buick）在美国密歇根州的弗林特市创立了别克汽车公司（BUICK），并建立了别克的第一座汽车工厂。

别克汽车公司创始人——大卫 · 邓巴 · 别克

第一台别克车 (1904 年 7 月)

威廉 · 杜兰特（William Crapo Durant）（1861 年 12 月 8 日—1947 年 3 月 18 日）于 1904 年 11 月接管了别克汽车公司，他天才的营销手段使别克成为了美国第一个成功的汽车品牌。这也成为他日后成立通用汽车的基础。1908 年 9 月 16 日，威廉 · 杜兰特创建了美国通用汽车公司（General Motors Company，简称 GM）。

通用汽车公司创建者——威廉 · 杜兰特

别克（Buick）是美国通用汽车公司（General Motors Company，简称 GM）旗下的品牌之一。

2020 年，美国通用汽车公司（GENERAL MOTORS）位列《财富》世界 500 强排行第 40 位。

1912 年（民国元年），孙中山在上海乘坐别克汽车出行的照片见诸报端后，别克汽车立即受到民国各界政要和商贾名流的青睐。

1924 年，清朝末代皇帝爱新觉罗 · 溥仪在北京亨茂洋行购买了一辆当时最新款式的 6 缸 4 门别克豪华汽车，时价现大洋 3000 块，这也是现代化汽车第一次驶进了封建专制、帝苑深宫的紫禁城。这台别克汽车买来后，溥仪立即在京师警察局为其办

1909 年 11 月，孙中山自英国抵美国纽约后，与美国友人在汽车上留影
（图片来源：http://roll.sohu.com/20111011/n321871436.shtml）

理了登记纳税手续，并领取了通行铜牌车号：1382。然而汽车手续办好后还没来得及使用，溥仪便被冯玉祥驱逐出了紫禁城。该辆别克车现存放于长春伪满皇宫博物院。

清朝末代皇帝爱新觉罗・溥仪购买的别克车

1929 年，别克在中国上海开设了亚洲第一家销售办公室，很快获得了社会名流的青睐。在 20 世纪 30 年代，上海每 6 台汽车中，就有一台是别克。

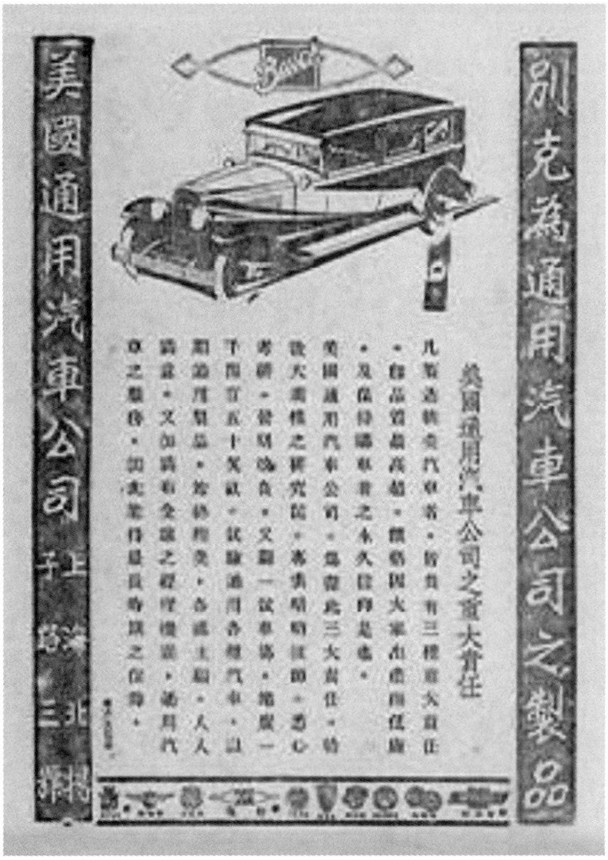

民国美国通用汽车公司别克汽车广告

到了1930年，别克在上海已经拥有了非常大的保有量，这些别克汽车的主人几乎都是民国时期叱咤风云的高官显贵和名流豪门，他们不但以自己可以驾驶别克汽车为荣，还留下了一个个显赫的名字和时代的烙印，并用别克汽车所代表的美式汽车文化影响着那个时代的中国。

当时，上海滩仅有的两辆最新颖时尚的别克敞篷车，一辆便属于在上海创办中国第一家银行——“中国通商银行”的总裁严筱舫的曾孙女、民国一代名媛严仁美和她的丈夫马冠良，它有着深蓝色车身和白色的帆布软顶敞篷；另一辆则属于少帅张学良，这辆车的车身是米色的，并配有浅米色帆布软顶敞篷，造型非常优雅。马冠良夫妇常与张学良夫妇一起驾别克车出游，每当这两辆车在路上同行，见者无不感觉耳目一新，纷纷围观赞叹。

别克 Century 轿车——周恩来总理座驾

1946 年，抗战胜利后国共重新谈判，周恩来率领中共代表团驻留上海，曾收下爱国华侨集资赠送的一辆 1941 年生产的别克 Century 轿车。当时，周恩来经常乘坐这辆别克车去拜访党外朋友或著名民主人士。该车至今保存完好，存放于上海黄浦区思南路的周公馆的车房里。

在南京东郊的美龄宫里，收藏着一辆豪华气派的别克 Century 轿车，那是二战时期美国总统罗斯福赠送给蒋介石夫人宋美龄的礼物。

别克 Century 轿车——罗斯福送给宋美龄的礼物

（资料来源：https://www.buick.com.cn/history.html； http://finance.china.com.cn/roll/20130621/1569453.shtml；http://auto.sohu.com/20150120/n407826563.shtml）

参考文献

1.（美）菲利普 · R. 凯特奥拉等 . 国际市场营销学（第 17 版）[M]. 北京：机械工业出版社，2017.

2.（美）加里 · 阿姆斯特朗、菲利普 · 科特勒 . 市场营销学（原书第 13 版）[M]. 北京：机械工业出版社，2019.

3.（美）沃伦 · J. 基根、马克 · C. 格林 . 全球营销（第 6 版）[M]. 北京：中国人民大学出版社，2015.

4.（美）菲利普 . 科特勒等 . 市场营销：原理与实践（第 16 版）. 北京：中国人民大学出版社，2015.

5. 上海社会科学院经济研究所 . 英美烟公司在华企业资料汇编（全四册）. 北京：中华书局，1983.

6. 吴翎君 . 美孚石油公司在中国（1870—1933）. 上海：上海人民出版社，2017.

7. 李德生，苑焕乔 . 烟画老北京 360 行 . 北京：北京大学出版社，2016.

8. 由国庆 . 民国广告与民国名人 . 济南：山东画报出版社，2014.

9. 黄玉涛 . 民国时期商业广告研究 . 厦门：厦门大学出版社，2009.

10. 张文标 . 老广告收藏 . 杭州：浙江大学出版社，2009.

11. 王强 . 近代外国在华企业本土化研究：以英美烟公司为中心的考察 . 上海：上海人民出版社，2012.

12. 张栋梁，宁德煌 . 跨国公司本土化战略及其对我国企业国际化经营的启示 . 昆明理工大学学报（理工版），2003（4）.

13. 王强 . 近代外国在华企业商业情报活动初探——以英美烟公司为中心的考察 . 社会科学辑刊，2013（1）.

14. 郭孝义 . 三十年代镇扬地区的英美石油公司 . 民国档案，1985（2）.

15. 汪熙 . 一个国际托拉斯在中国的历史纪录——英美烟公司在华垄断活动剖析 . 复旦学报（社会科学版），1983（5）.

16. 张仲礼，陈曾年 . 英美烟公司的集中领导、分散包销和控制原料的经营管理体制 . 上海经济研究，1983（4）.

17. 张仲礼 . 旧中国外资企业发展的特点——关于英美烟公司资本的积累和超额利润 . 社会科学，1980（6）.

18. 仝群旺 . 近代外国在华企业销售人才本土化分析——以英美烟公司为例 . 历史教学，2008（22）.

19. 曲振明 . “三炮台”与天津的电影 . 东方烟草报 ,2008-11-06.

20. 张小莉 . 英美烟公司在华促销策略初探 . 北京师范大学学报 (人文社会科学版)，2001（2）.

21. 黄建中 . 影后胡蝶与卷烟广告 . 东方烟草报 , 2015-05-23.

22. 黄源芳 . 中国第一座水电站归属何处？ . 中国能源报 ,2014-10-20.

23. 西门子公司 http://w1.siemens.com.cn/140years/

24. 国家烟草专卖局官网 http://www.tobacco.gov.cn/html/21/2104.html

25. 东方烟草网 https://www.eastobacco.com/ycwh/

26. 中国烟草博物馆 http://museum.tobacco.com.cn/

附录 1
2020 年《财富》世界 500 强排行榜

《财富》世界 500 强排行榜的历史始于 1955 年。1955 年，《财富》杂志根据各公司 1954 年的总收入，对美国最大的 500 家工业企业进行了排名。1995 年 8 月 7 日的《财富》杂志第一次发布同时涵盖工业企业和服务性企业的《财富》世界 500 强排行榜。2020 年是《财富》杂志连续第 26 年发布这份全球大公司排行榜。

依据《财富》世界 500 强排行榜榜单的数据，人们可以了解全球最大企业的最新发展趋势。通过纵向不同年份和横向不同行业的比较，人们既可以了解企业的兴衰，也可以了解公司销售收益率、净资产收益率、全员生产效率等经营质量的变化。与此同时，深入到国家或地区的研究可以揭示大企业群体分布的变化。

排名	公司名称	国家
1	沃尔玛（WALMART）	美国
2	中国石油化工集团公司（SINOPEC GROUP）	中国
3	国家电网公司（STATE GRID）	中国
4	中国石油天然气集团公司（CHINA NATIONAL PETROLEUM）	中国
5	荷兰皇家壳牌石油公司（ROYAL DUTCH SHELL）	荷兰
6	沙特阿美公司（SAUDI ARAMCO）	沙特阿拉伯
7	大众公司（VOLKSWAGEN）	德国
8	英国石油公司（BP）	英国
9	亚马逊（AMAZON.COM）	美国
10	丰田汽车公司（TOYOTA MOTOR）	日本
11	埃克森美孚（EXXON MOBIL）	美国
12	苹果公司（APPLE）	美国

续表

排名	公司名称	国家
13	CVS Health 公司（CVS HEALTH）	美国
14	伯克希尔－哈撒韦公司（BERKSHIRE HATHAWAY）	美国
15	联合健康集团（UNITEDHEALTH GROUP）	美国
16	麦克森公司（MCKESSON）	美国
17	嘉能可（GLENCORE）	瑞士
18	中国建筑集团有限公司（CHINA STATE CONSTRUCTION ENGINEERING）	中国
19	三星电子（SAMSUNG ELECTRONICS）	韩国
20	戴姆勒股份公司（DAIMLER）	德国
21	中国平安保险（集团）股份有限公司（PING AN INSURANCE）	中国
22	美国电话电报公司（AT&T）	美国
23	美源伯根公司（AMERISOURCEBERGEN）	美国
24	中国工商银行（INDUSTRIAL & COMMERCIAL BANK OF CHINA）	中国
25	道达尔公司（TOTAL）	法国
26	鸿海精密工业股份有限公司（HON HAI PRECISION INDUSTRY）	中国
27	托克集团（TRAFIGURA GROUP）	新加坡
28	EXOR 集团（EXOR GROUP）	荷兰
29	Alphabet 公司（ALPHABET）	美国
30	中国建设银行（CHINA CONSTRUCTION BANK）	中国
31	福特汽车公司（FORD MOTOR）	美国
32	信诺（CIGNA）	美国
33	开市客（COSTCO WHOLESALE）	美国
34	安盛（AXA）	法国
35	中国农业银行（AGRICULTURAL BANK OF CHINA）	中国
36	雪佛龙（CHEVRON）	美国
37	嘉德诺（CARDINAL HEALTH）	美国
38	摩根大通公司（JPMORGAN CHASE）	美国
39	本田汽车（HONDA MOTOR）	日本
40	通用汽车公司（GENERAL MOTORS）	美国

续表

排名	公司名称	国家
41	沃博联（WALGREENS BOOTS ALLIANCE）	美国
42	三菱商事株式会社（MITSUBISHI）	日本
43	中国银行（BANK OF CHINA）	中国
44	威瑞森电信（VERIZON COMMUNICATIONS）	美国
45	中国人寿保险（集团）公司（CHINA LIFE INSURANCE）	中国
46	安联保险集团（ALLIANZ）	德国
47	微软（MICROSOFT）	美国
48	马拉松原油公司（MARATHON PETROLEUM）	美国
49	华为投资控股有限公司（HUAWEI INVESTMENT & HOLDING）	中国
50	中国铁路工程集团有限公司（CHINA RAILWAY ENGINEERING GROUP）	中国
51	克罗格（KROGER）	美国
52	上海汽车集团股份有限公司（SAIC MOTOR）	中国
53	房利美（FANNIE MAE）	美国
54	中国铁道建筑集团有限公司（CHINA RAILWAY CONSTRUCTION）	中国
55	俄罗斯天然气工业股份公司（GAZPROM）	俄罗斯
56	宝马集团（BMW GROUP）	德国
57	卢克石油公司（LUKOIL）	俄罗斯
58	美国银行（BANK OF AMERICA）	美国
59	家得宝（HOME DEPOT）	美国
60	日本邮政控股公司（JAPAN POST HOLDINGS）	日本
61	Phillips 66 公司（PHILLIPS 66）	美国
62	日本电报电话公司（NIPPON TELEGRAPH AND TELEPHONE）	日本
63	美国康卡斯特电信公司（COMCAST）	美国
64	中国海洋石油总公司（CHINA NATIONAL OFFSHORE OIL）	中国
65	中国移动通信集团公司（CHINA MOBILE COMMUNICATIONS）	中国
66	意大利忠利保险公司（ASSICURAZIONI GENERALI）	意大利
67	法国农业信贷银行（CR?DIT AGRICOLE）	法国
68	Anthem 公司（ANTHEM）	美国

续表

排名	公司名称	国家
69	美国富国银行（WELLS FARGO）	美国
70	花旗集团（CITIGROUP）	美国
71	瓦莱罗能源公司（VALERO ENERGY）	美国
72	日本伊藤忠商事株式会社（ITOCHU）	日本
73	汇丰银行控股公司（HSBC HOLDINGS）	英国
74	西门子（SIEMENS）	德国
75	太平洋建设集团（PACIFIC CONSTRUCTION GROUP）	中国
76	俄罗斯石油公司（ROSNEFT OIL）	俄罗斯
77	通用电气公司（GENERAL ELECTRIC）	美国
78	中国交通建设集团有限公司（CHINA COMMUNICATIONS CONSTRUCTION）	中国
79	中国华润有限公司（CHINA RESOURCES）	中国
80	英国保诚集团（PRUDENTIAL）	英国
81	戴尔科技公司（DELL TECHNOLOGIES）	美国
82	雀巢公司（NESTLE）	瑞士
83	日产汽车（NISSAN MOTOR）	日本
84	现代汽车（HYUNDAI MOTOR）	韩国
85	英国法通保险公司（LEGAL & GENERAL GROUP）	英国
86	德国电信（DEUTSCHE TELEKOM）	德国
87	意大利国家电力公司（ENEL）	意大利
88	英杰华集团（AVIVA）	英国
89	中国第一汽车集团公司（CHINA FAW GROUP）	中国
90	中国邮政集团公司（CHINA POST GROUP）	中国
91	正威国际集团（AMER INTERNATIONAL GROUP）	中国
92	中国五矿集团有限公司（CHINA MINMETALS）	中国
93	西班牙国家银行（BANCO SANTANDER）	西班牙
94	软银集团（SOFTBANK GROUP）	日本
95	博世集团（BOSCH GROUP）	德国

续表

排名	公司名称	国家
96	信实工业公司（RELIANCE INDUSTRIES）	印度
97	SK 集团（SK HOLDINGS）	韩国
98	家乐福（CARREFOUR）	法国
99	法国巴黎银行（BNP PARIBAS）	法国
100	东风汽车公司（DONGFENG MOTOR）	中国
101	标致（PEUGEOT）	法国
102	京东集团（JD.COM）	中国
103	乐购（TESCO）	英国
104	强生（JOHNSON & JOHNSON）	美国
105	中国南方电网有限责任公司（CHINA SOUTHERN POWER GRID）	中国
106	日立（HITACHI）	日本
107	恒力集团（HENGLI GROUP）	中国
108	国家能源投资集团（CHINA ENERGY INVESTMENT）	中国
109	中国中化集团公司（SINOCHEM GROUP）	中国
110	法国电力公司（ELECTRICIT? DE FRANCE）	法国
111	中国宝武钢铁集团（CHINA BAOWU STEEL GROUP）	中国
112	中国人民保险集团股份有限公司（PEOPLE'S INSURANCE CO. OF CHINA）	中国
113	埃尼石油公司（ENI）	意大利
114	州立农业保险公司（STATE FARM INSURANCE）	美国
115	日本永旺集团（AEON）	日本
116	空中客车公司（AIRBUS）	荷兰
117	塔吉特公司（TARGET）	美国
118	国际商业机器公司（INTERNATIONAL BUSINESS MACHINES）	美国
119	雷神技术公司（RAYTHEON TECHNOLOGIES）	美国
120	巴西国家石油公司（PETROBRAS）	巴西
121	波音（BOEING）	美国
122	索尼（SONY）	日本

续表

排名	公司名称	国家
123	引能仕控股株式会社（ENEOS HOLDINGS）	日本
124	荷兰全球保险集团（AEGON）	荷兰
125	房地美（FREDDIE MAC）	美国
126	中国中信集团有限公司（CITIC GROUP）	中国
127	Centene 公司（CENTENE）	美国
128	皇家阿霍德德尔海兹集团（ROYAL AHOLD DELHAIZE）	荷兰
129	联合包裹速递服务公司（UNITED PARCEL SERVICE）	美国
130	日本生命保险公司（NIPPON LIFE INSURANCE）	日本
131	Uniper 公司（UNIPER）	德国
132	阿里巴巴集团（ALIBABA GROUP HOLDING）	中国
133	墨西哥石油公司（PEMEX）	墨西哥
134	北京汽车集团（BEIJING AUTOMOTIVE GROUP）	中国
135	慕尼黑再保险集团（MUNICH RE GROUP）	德国
136	中粮集团有限公司（COFCO）	中国
137	美国劳氏公司（LOWE’S）	美国
138	英特尔公司（INTEL）	美国
139	苏黎世保险集团（ZURICH INSURANCE GROUP）	瑞士
140	泰国国家石油有限公司（PTT）	泰国
141	美国邮政（U.S. POSTAL SERVICE）	美国
142	德国邮政敦豪集团（DEUTSCHE POST DHL GROUP）	德国
143	巴斯夫公司（BASF）	德国
144	Facebook 公司（FACEBOOK）	美国
145	中国医药集团（SINOPHARM）	中国
146	安赛乐米塔尔（ARCELORMITTAL）	卢森堡
147	碧桂园控股有限公司（COUNTRY GARDEN HOLDINGS）	中国
148	联邦快递（FEDEX）	美国
149	大都会人寿（METLIFE）	美国
150	华特迪士尼公司（WALT DISNEY）	美国

续表

排名	公司名称	国家
151	印度石油公司（INDIAN OIL）	印度
152	中国恒大集团（CHINA EVERGRANDE GROUP）	中国
153	松下（PANASONIC）	日本
154	中国兵器工业集团公司（CHINA NORTH INDUSTRIES GROUP）	中国
155	布鲁克菲尔德资产管理公司（BROOKFIELD ASSET MANAGEMENT）	加拿大
156	宝洁公司（PROCTER & GAMBLE）	美国
157	中国电力建设集团有限公司（POWERCHINA）	中国
158	中国电信集团公司（CHINA TELECOMMUNICATIONS）	中国
159	Engie 集团（ENGIE）	法国
160	百事公司（PEPSICO）	美国
161	三菱日联金融集团（MITSUBISHI UFJ FINANCIAL GROUP）	日本
162	交通银行（BANK OF COMMUNICATIONS）	中国
163	中国航空工业集团公司（AVIATION INDUSTRY CORP. OF CHINA）	中国
164	中国化工集团公司（CHEMCHINA）	中国
165	第一生命控股有限公司（DAI-ICHI LIFE HOLDINGS）	日本
166	哈门那公司（HUMANA）	美国
167	保德信金融集团（PRUDENTIAL FINANCIAL）	美国
168	ADM 公司（ARCHER DANIELS MIDLAND）	美国
169	Equinor 公司（EQUINOR）	挪威
170	英国劳埃德银行集团（LLOYDS BANKING GROUP）	英国
171	瑞士罗氏公司（ROCHE GROUP）	瑞士
172	三井物产株式会社（MITSUI）	日本
173	丸红株式会社（MARUBENI）	日本
174	艾伯森公司（ALBERTSONS）	美国
175	雷诺（RENAULT）	法国
176	绿地控股集团有限公司（GREENLAND HOLDING GROUP）	中国
177	丰田通商公司（TOYOTA TSUSHO）	日本
178	Seven & I 控股公司（SEVEN & I HOLDINGS）	日本

续表

排名	公司名称	国家
179	西斯科公司（SYSCO）	美国
180	迪奥公司（CHRISTIAN DIOR）	法国
181	宏利金融（MANULIFE FINANCIAL）	加拿大
182	洛克希德－马丁（LOCKHEED MARTIN）	美国
183	Alimentation Couche-Tard 公司（ALIMENTATION COUCHE-TARD）	加拿大
184	惠普公司（HP）	美国
185	联合利华（UNILEVER）	英国 / 荷兰
186	马来西亚国家石油公司（PETRONAS）	马来西亚
187	中国建材集团（CHINA NATIONAL BUILDING MATERIAL GROUP）	中国
188	东京电力公司（TOKYO ELECTRIC POWER）	日本
189	招商银行（CHINA MERCHANTS BANK）	中国
190	印度石油天然气公司（OIL & NATURAL GAS）	印度
191	中国保利集团（CHINA POLY GROUP）	中国
192	法国兴业银行（SOCI?T? G?N?RALE）	法国
193	中国太平洋保险（集团）公司（CHINA PACIFIC INSURANCE (GROUP)）	中国
194	韩国浦项制铁公司（POSCO）	韩国
195	万喜集团（VINCI）	法国
196	欧尚集团（AUCHAN HOLDING）	法国
197	腾讯控股有限公司（TENCENT HOLDINGS）	中国
198	日本制铁集团公司（NIPPON STEEL CORPORATION）	日本
199	法国国家人寿保险公司（CNP ASSURANCES）	法国
200	Energy Transfer 公司（ENERGY TRANSFER）	美国
201	西班牙电话公司（TELEF?NICA）	西班牙
202	高盛（GOLDMAN SACHS GROUP）	美国
203	摩根士丹利（MORGAN STANLEY）	美国
204	卡特彼勒（CATERPILLAR）	美国
205	百威英博（ANHEUSER-BUSCH INBEV）	比利时
206	广州汽车工业集团（GUANGZHOU AUTOMOBILE INDUSTRY GROUP）	中国

续表

排名	公司名称	国家
207	LG 电子（LG ELECTRONICS）	韩国
208	万科企业股份有限公司（CHINA VANKE）	中国
209	美洲电信（AM?RICA M?VIL）	墨西哥
210	物产中大集团（WUCHAN ZHONGDA GROUP）	中国
211	思科公司（CISCO SYSTEMS）	美国
212	山东能源集团有限公司（SHANDONG ENERGY GROUP）	中国
213	巴西 JBS 公司（JBS）	巴西
214	拜耳集团（BAYER）	德国
215	辉瑞制药有限公司（PFIZER）	美国
216	伊塔乌联合银行控股公司（ITA? UNIBANCO HOLDING）	巴西
217	中国铝业公司（ALUMINUM CORP. OF CHINA）	中国
218	河钢集团（HBIS GROUP）	中国
219	HCA 医疗保健公司（HCA HEALTHCARE）	美国
220	上海浦东发展银行（SHANGHAI PUDONG DEVELOPMENT BANK）	中国
221	印度国家银行（STATE BANK OF INDIA）	印度
222	兴业银行（INDUSTRIAL BANK）	中国
223	加拿大皇家银行（ROYAL BANK OF CANADA）	加拿大
224	联想集团（LENOVO GROUP）	中国
225	诺华公司（NOVARTIS）	瑞士
226	东京海上日动火灾保险公司（TOKIO MARINE HOLDINGS）	日本
227	韩国电力公司（KOREA ELECTRIC POWER）	韩国
228	沃达丰集团（VODAFONE GROUP）	英国
229	起亚汽车（KIA MOTORS）	韩国
230	德国大陆集团（CONTINENTAL）	德国
231	美国国际集团（AMERICAN INTERNATIONAL GROUP）	美国
232	德国联邦铁路公司（DEUTSCHE BAHN）	德国
233	瑞士再保险股份有限公司（SWISS RE）	瑞士
234	厦门建发集团有限公司（XIAMEN C&D）	中国

续表

排名	公司名称	国家
235	招商局集团（CHINA MERCHANTS GROUP）	中国
236	日本出光兴产株式会社（IDEMITSU KOSAN）	日本
237	日本三井住友金融集团（SUMITOMO MITSUI FINANCIAL GROUP）	日本
238	住友商事（SUMITOMO）	日本
239	中国民生银行（CHINA MINSHENG BANKING）	中国
240	俄罗斯联邦储蓄银行（SBERBANK）	俄罗斯
241	日本 KDDI 电信公司（KDDI）	日本
242	法国 BPCE 银行集团（GROUPE BPCE）	法国
243	浙江吉利控股集团（ZHEJIANG GEELY HOLDING GROUP）	中国
244	圣戈班集团（SAINT–GOBAIN）	法国
245	雷普索尔公司（REPSOL）	西班牙
246	MS&AD 保险集团控股有限公司（MS&AD INSURANCE GROUP HOLDINGS）	日本
247	电装公司（DENSO）	日本
248	蒂森克虏伯（THYSSENKRUPP）	德国
249	Orange 公司（ORANGE）	法国
250	友邦保险集团（AIA GROUP）	中国
251	美国运通公司（AMERICAN EXPRESS）	美国
252	达美航空（DELTA AIR LINES）	美国
253	中国光大集团（CHINA EVERBRIGHT GROUP）	中国
254	西班牙对外银行（BANCO BILBAO VIZCAYA ARGENTARIA）	西班牙
255	意昂集团（E.ON）	德国
256	默沙东（MERCK）	美国
257	美国航空集团（AMERICAN AIRLINES GROUP）	美国
258	特许通讯公司（CHARTER COMMUNICATIONS）	美国
259	沃尔沃集团（VOLVO）	瑞典
260	伍尔沃斯集团（WOOLWORTHS GROUP）	澳大利亚
261	必和必拓集团（BHP GROUP）	澳大利亚

续表

排名	公司名称	国家
262	Finatis 公司（FINATIS）	法国
263	好事达（ALLSTATE）	美国
264	中国远洋海运集团有限公司（CHINA COSCO SHIPPING）	中国
265	陕西延长石油（集团）公司（SHAANXI YANCHANG PETROLEUM (GROUP)）	中国
266	中国华能集团公司（CHINA HUANENG GROUP）	中国
267	多伦多道明银行（TORONTO–DOMINION BANK）	加拿大
268	巴西布拉德斯科银行（BANCO BRADESCO）	巴西
269	和硕（PEGATRON）	中国
270	美国纽约人寿保险公司（NEW YORK LIFE INSURANCE）	美国
271	Talanx 公司（TALANX）	德国
272	美国全国保险公司（NATIONWIDE）	美国
273	陕西煤业化工集团（SHAANXI COAL & CHEMICAL INDUSTRY）	中国
274	西班牙 ACS 集团（ACS）	西班牙
275	百思买（BEST BUY）	美国
276	联合航空控股公司（UNITED AIRLINES HOLDINGS）	美国
277	韩华集团（HANWHA）	韩国
278	美国利宝互助保险集团（LIBERTY MUTUAL INSURANCE GROUP）	美国
279	埃森哲（ACCENTURE）	爱尔兰
280	力拓集团（RIO TINTO GROUP）	英国
281	中国机械工业集团有限公司（SINOMACH）	中国
282	英国葛兰素史克公司（GLAXOSMITHKLINE）	英国
283	陶氏公司（DOW）	美国
284	厦门国贸控股集团有限公司（XIAMEN ITG HOLDING GROUP）	中国
285	丰益国际（WILMAR INTERNATIONAL）	新加坡
286	法国布伊格集团（BOUYGUES）	法国
287	泰森食品（TYSON FOODS）	美国
288	巴西银行（BANCO DO BRASIL）	巴西
289	赛诺菲（SANOFI）	法国

续表

排名	公司名称	国家
290	中国联合网络通信股份有限公司（CHINA UNITED NETWORK COMMUNICATIONS）	中国
291	德意志银行（DEUTSCHE BANK）	德国
292	TJX 公司（TJX）	美国
293	瑞银集团（UBS GROUP）	瑞士
294	麦德龙（METRO）	德国
295	兖矿集团（YANKUANG GROUP）	中国
296	雪松控股集团（CEDAR HOLDINGS GROUP）	中国
297	邦吉公司（BUNGE）	美国
298	象屿集团（XMXYG）	中国
299	M&G 公司（M&G）	英国
300	三菱电机股份有限公司（MITSUBISHI ELECTRIC）	日本
301	怡和集团（JARDINE MATHESON）	中国
302	采埃孚（ZF FRIEDRICHSHAFEN）	德国
303	Iberdrola 公司（IBERDROLA）	西班牙
304	汉莎集团（LUFTHANSA GROUP）	德国
305	中国航空油料集团公司（CHINA NATIONAL AVIATION FUEL GROUP）	中国
306	美国教师退休基金会（TIAA）	美国
307	美的集团股份有限公司（MIDEA GROUP）	中国
308	山东魏桥创业集团（SHANDONG WEIQIAO PIONEERING GROUP）	中国
309	巴拉特石油公司（BHARAT PETROLEUM）	印度
310	意大利联合圣保罗银行（INTESA SANPAOLO）	意大利
311	大和房建（DAIWA HOUSE INDUSTRY）	日本
312	德国艾德卡公司（EDEKA ZENTRALE）	德国
313	费森尤斯集团（FRESENIUS）	德国
314	甲骨文公司（ORACLE）	美国
315	麦格纳国际（MAGNA INTERNATIONAL）	加拿大
316	国家电力投资集团公司（STATE POWER INVESTMENT）	中国

续表

排名	公司名称	国家
317	通用动力（GENERAL DYNAMICS）	美国
318	法国国营铁路集团（SNCF GROUP）	法国
319	迪尔公司（DEERE）	美国
320	马士基集团（MAERSK GROUP）	丹麦
321	德国中央合作银行（DZ BANK）	德国
322	耐克公司（NIKE）	美国
323	前进保险公司（PROGRESSIVE）	美国
324	苏宁易购集团（SUNING.COM GROUP）	中国
325	大众超级市场公司（PUBLIX SUPER MARKETS）	美国
326	巴西联邦储蓄银行（CAIXA ECON?MICA FEDERAL）	巴西
327	巴克莱（BARCLAYS）	英国
328	长江和记实业有限公司（CK HUTCHISON HOLDINGS）	中国
329	青山控股集团（TSINGSHAN HOLDING GROUP）	中国
330	乔治威斯顿公司（GEORGE WESTON）	加拿大
331	Enbridge 公司（ENBRIDGE）	加拿大
332	中国航天科工集团公司（CHINA AEROSPACE SCIENCE & INDUSTRY）	中国
333	巴西淡水河谷公司（VALE）	巴西
334	日本明治安田生命保险公司（MEIJI YASUDA LIFE INSURANCE）	日本
335	可口可乐公司（COCA-COLA）	美国
336	万通互惠理财公司（MASSACHUSETTS MUTUAL LIFE INSURANCE）	美国
337	印度塔塔汽车公司（TATA MOTORS）	印度
338	菲尼克斯集团控股公司（PHOENIX GROUP HOLDINGS）	英国
339	日本三菱重工业股份有限公司（MITSUBISHI HEAVY INDUSTRIES）	日本
340	瑞士 ABB 集团（ABB）	瑞士
341	Tech Data 公司（TECH DATA）	美国
342	荷兰国际集团（ING GROUP）	荷兰
343	江西铜业集团公司（JIANGXI COPPER）	中国
344	森宝利公司（J. SAINSBURY）	英国

续表

排名	公司名称	国家
345	全球燃料服务公司（WORLD FUEL SERVICES）	美国
346	加拿大鲍尔集团（POWER CORP. OF CANADA）	加拿大
347	霍尼韦尔国际公司（HONEYWELL INTERNATIONAL）	美国
348	康菲石油公司（CONOCOPHILLIPS）	美国
349	日本瑞穗金融集团（MIZUHO FINANCIAL GROUP）	日本
350	意大利邮政集团（POSTE ITALIANE）	意大利
351	江苏沙钢集团（JIANGSU SHAGANG GROUP）	中国
352	中国航天科技集团公司（CHINA AEROSPACE SCIENCE & TECHNOLOGY）	中国
353	中国能源建设集团（CHINA ENERGY ENGINEERING GROUP）	中国
354	阳光龙净集团有限公司（YANGO LONGKING GROUP）	中国
355	联合服务汽车协会（UNITED SERVICES AUTOMOBILE ASSN.）	美国
356	富士通（FUJITSU）	日本
357	瑞士信贷（CREDIT SUISSE GROUP）	瑞士
358	加拿大丰业银行（BANK OF NOVA SCOTIA）	加拿大
359	爱信精机（AISIN SEIKI）	日本
360	利安德巴塞尔工业公司（LYONDELLBASELL INDUSTRIES）	荷兰
361	中国中车集团（CRRC GROUP）	中国
362	台积公司（TAIWAN SEMICONDUCTOR MANUFACTURING）	中国
363	损保控股有限公司（SOMPO HOLDINGS）	日本
364	Exelon 公司（EXELON）	美国
365	日本钢铁工程控股公司（JFE HOLDINGS）	日本
366	安达保险公司（CHUBB）	瑞士
367	安徽海螺集团（ANHUI CONCH GROUP）	中国
368	美国诺斯洛普格拉曼公司（NORTHROP GRUMMAN）	美国
369	金川集团（JINCHUAN GROUP）	中国
370	中国华电集团公司（CHINA HUADIAN）	中国
371	路易达孚集团（LOUIS DREYFUS）	荷兰
372	第一资本金融公司（CAPITAL ONE FINANCIAL）	美国

续表

排名	公司名称	国家
373	Plains GP Holdings 公司（PLAINS GP HOLDINGS）	美国
374	国泰金融控股股份有限公司（CATHAY FINANCIAL HOLDING）	中国
375	欧莱雅（L’OR?AL）	法国
376	三菱化学控股（MITSUBISHI CHEMICAL HOLDINGS）	日本
377	广达电脑公司（QUANTA COMPUTER）	中国
378	艾伯维（ABBVIE）	美国
379	英美烟草集团（BRITISH AMERICAN TOBACCO）	英国
380	佳能（CANON）	日本
381	中国电子科技集团公司（CHINA ELECTRONICS TECHNOLOGY GROUP）	中国
382	斯伦贝谢公司（SCHLUMBERGER）	美国
383	StoneX 集团（STONEX GROUP）	美国
384	Enterprise Products Partners 公司（ENTERPRISE PRODUCTS PARTNERS）	美国
385	现代摩比斯公司（HYUNDAI MOBIS）	韩国
386	中国电子信息产业集团有限公司（CHINA ELECTRONICS）	中国
387	普利司通（BRIDGESTONE）	日本
388	西北互助人寿保险公司（NORTHWESTERN MUTUAL）	美国
389	3M 公司（3M）	美国
390	铃木汽车（SUZUKI MOTOR）	日本
391	住友生命保险公司（SUMITOMO LIFE INSURANCE）	日本
392	中国太平保险集团有限责任公司（CHINA TAIPING INSURANCE GROUP）	中国
393	雅培公司（ABBOTT LABORATORIES）	美国
394	CHS 公司（CHS）	美国
395	康帕斯集团（COMPASS GROUP）	英国
396	仁宝电脑（COMPAL ELECTRONICS）	中国
397	CRH 公司（CRH）	爱尔兰
398	Inditex 公司（INDITEX）	西班牙
399	Travelers 公司（TRAVELERS）	美国
400	马自达汽车株式会社（MAZDA MOTOR）	日本

续表

排名	公司名称	国家
401	鞍钢集团公司（ANSTEEL GROUP）	中国
402	东芝（TOSHIBA）	日本
403	富邦金融控股股份有限公司（FUBON FINANCIAL HOLDING）	中国
404	SAP 公司（SAP）	德国
405	斯巴鲁公司（SUBARU）	日本
406	冀中能源集团（JIZHONG ENERGY GROUP）	中国
407	Coles 集团（COLES GROUP）	澳大利亚
408	美敦力公司（MEDTRONIC）	爱尔兰
409	台湾中油股份有限公司（CPC）	中国
410	菲尼克斯医药公司（PHOENIX PHARMA）	德国
411	法国航空－荷兰皇家航空集团（AIR FRANCE–KLM GROUP）	法国
412	法国威立雅环境集团（VEOLIA ENVIRONNEMENT）	法国
413	施耐德电气（SCHNEIDER ELECTRIC）	法国
414	武田药品公司（TAKEDA PHARMACEUTICAL）	日本
415	法国达飞海运集团（CMA CGM）	法国
416	澳洲联邦银行（COMMONWEALTH BANK OF AUSTRALIA）	澳大利亚
417	Medipal 控股公司（MEDIPAL HOLDINGS）	日本
418	加拿大永明金融集团（SUN LIFE FINANCIAL）	加拿大
419	英美资源集团（ANGLO AMERICAN）	英国
420	CFE 公司（CFE）	墨西哥
421	菲利普－莫里斯国际公司（PHILIP MORRIS INTERNATIONAL）	美国
422	小米集团（XIAOMI）	中国
423	上海建工集团股份有限公司（SHANGHAI CONSTRUCTION GROUP）	中国
424	泰康保险集团（TAIKANG INSURANCE GROUP）	中国
425	Coop 集团（COOP GROUP）	瑞士
426	KB 金融集团（KB FINANCIAL GROUP）	韩国
427	森科能源公司（SUNCOR ENERGY）	加拿大
428	关西电力（KANSAI ELECTRIC POWER）	日本

续表

排名	公司名称	国家
429	首钢集团（SHOUGANG GROUP）	中国
430	蒙特利尔银行（BANK OF MONTREAL）	加拿大
431	慧与公司（HEWLETT PACKARD ENTERPRISE）	美国
432	英国电信集团（BT GROUP）	英国
433	法国邮政（LA POSTE）	法国
434	中国兵器装备集团公司（CHINA SOUTH INDUSTRIES GROUP）	中国
435	海尔智家股份有限公司（HAIER SMART HOME）	中国
436	珠海格力电器股份有限公司（GREE ELECTRIC APPLIANCES）	中国
437	CJ 集团（CJ CORP.）	韩国
438	波兰国营石油公司（PKN ORLEN GROUP）	波兰
439	江森自控国际公司（JOHNSON CONTROLS INTERNATIONAL）	爱尔兰
440	英国森特理克集团（CENTRICA）	英国
441	艾睿电子（ARROW ELECTRONICS）	美国
442	深圳市投资控股有限公司（SHENZHEN INVESTMENT HOLDINGS）	中国
443	新疆广汇实业投资（集团）有限责任公司（XINJIANG GUANGHUI INDUSTRY INVESTMENT）	中国
444	林德集团（LINDE）	英国
445	住友电工（SUMITOMO ELECTRIC INDUSTRIES）	日本
446	国际航空集团（INTERNATIONAL AIRLINES GROUP）	英国
447	GS 加德士（GS CALTEX）	韩国
448	Migros 集团（MIGROS GROUP）	瑞士
449	华夏保险公司（HUAXIA LIFE INSURANCE）	中国
450	日本电气公司（NEC）	日本
451	赛峰集团（SAFRAN）	法国
452	纬创集团（WISTRON）	中国
453	达能（DANONE）	法国
454	日本中部电力（CHUBU ELECTRIC POWER）	日本
455	盛虹控股集团有限公司（SHENGHONG HOLDING GROUP）	中国

续表

排名	公司名称	国家
456	铜陵有色金属集团（TONGLING NONFERROUS METALS GROUP）	中国
457	维亚康姆 CBS 公司（VIACOMCBS）	美国
458	Financi è re de l’Odet 公司（FINANCI?RE DE L’ODET）	法国
459	山东钢铁集团有限公司（SHANDONG IRON & STEEL GROUP）	中国
460	Dollar General 公司（DOLLAR GENERAL）	美国
461	Achmea 公司（ACHMEA）	荷兰
462	Rajesh Exports 公司（RAJESH EXPORTS）	印度
463	大同煤矿集团有限责任公司（DATONG COAL MINE GROUP）	中国
464	曼福集团（MAPFRE GROUP）	西班牙
465	中国大唐集团公司（CHINA DATANG）	中国
466	美国合众银行（U.S. BANCORP）	美国
467	三星人寿保险（SAMSUNG LIFE INSURANCE）	韩国
468	海亮集团有限公司（HAILIANG GROUP）	中国
469	联合信贷集团（UNICREDIT GROUP）	意大利
470	东日本旅客铁道株式会社（EAST JAPAN RAILWAY）	日本
471	KOC 集团（KO? HOLDING）	土耳其
472	米其林公司（MICHELIN）	法国
473	上海医药集团股份有限公司（SHANGHAI PHARMACEUTICALS HOLDING）	中国
474	喜力控股公司（HEINEKEN HOLDING）	荷兰
475	X5 零售集团（X5 RETAIL GROUP）	荷兰
476	拉法基豪瑞集团（LAFARGEHOLCIM）	瑞士
477	中国通用技术（集团）控股有限责任公司（CHINA GENERAL TECHNOLOGY）	中国
478	星巴克公司（STARBUCKS）	美国
479	任仕达公司（RANDSTAD）	荷兰
480	阿迪达斯集团（ADIDAS）	德国
481	三星 C&T 公司（SAMSUNG C&T）	韩国

续表

排名	公司名称	国家
482	Fomento Econ ó mico Mexicano 公司（FOMENTO ECON?MICO MEXICANO）	墨西哥
483	奥地利石油天然气集团（OMV GROUP）	奥地利
484	德科集团（ADECCO GROUP）	瑞士
485	山西焦煤集团有限责任公司（SHANXI COKING COAL GROUP）	中国
486	河南能源化工集团（HENAN ENERGY & CHEMICAL）	中国
487	百时美施贵宝公司（BRISTOL-MYERS SQUIBB）	美国
488	诺基亚（NOKIA）	芬兰
489	潞安集团（SHANXI LUAN MINING GROUP）	中国
490	广西投资集团有限公司（GUANGXI INVESTMENT GROUP）	中国
491	西太平洋银行（WESTPAC BANKING）	澳大利亚
492	西班牙能源集团（NATURGY ENERGY GROUP）	西班牙
493	中国核工业集团有限公司（CHINA NATIONAL NUCLEAR）	中国
494	US Foods Holding 公司（US FOODS HOLDING）	美国
495	亿滋国际（MONDELEZ INTERNATIONAL）	美国
496	中国中煤能源集团有限公司（CHINA NATIONAL COAL GROUP）	中国
497	帕卡公司（PACCAR）	美国
498	赛默飞世尔科技公司（THERMO FISHER SCIENTIFIC）	美国
499	山西阳泉煤业(集团)有限责任公司（YANGQUAN COAL INDUSTRY GROUP）	中国
500	山西晋城无烟煤矿业集团（SHANXI JINCHENG ANTHRACITE COAL MINING GROUP）	中国

（资料来源：财富中文网 http://www.fortunechina.com/fortune500/c/2020-08/10/content_372148.htm）

附录 2

近代中国的货币制度

1840 年鸦片战争以后，中国逐步成为半封建半殖民地社会，货币也随之发生很大的变化，形成了多元货币制度。

1910 年（清宣统二年）颁布了《币制则例》，规定银圆为本位币，1911 年（清宣统三年）春，清政府开始铸造统一的大清银币，称为国币。1911 年 10 月 10 日武昌起义后，推翻了清政府，大清银币没有能够正式发行。

1914 年（中华民国三年）2 月国民政府颁布《中华民国国币条例》，铸造袁世凯头像的一圆银币，通称“袁头币”，全国币制才逐步趋于统一。

1927 年北伐胜利，国民政府停止铸造“袁头币”，由南京造币厂改铸“中山币”，即中山开国纪念币，通称“孙币”。从此，在抗日战争以前，中国境内就通行“袁头币”和“孙币”两种银圆，其成色基本相同，全国各地市面上都可以通用。

1933 年，国民政府“废两改圆”，颁布《银本位币铸造条例》，规定每枚银圆重 26.7 克，含纯银 23.5 克（银含量 88%），并由上海造币厂铸造新银圆，正面为孙中山头像，背面为双帆船图案的“孙币”，又称“船洋”。

中国在 1935 年 11 月 4 日国民政府实行币制改革（“法币制度”）以前，一直采用“银本位”，通行银两、银圆、铜币等，而银两与银圆皆作为中国货币的主体。所谓“银两”实际上是一种记账单位，并非在市面上真有银两作为货币在流通。

1935 年 11 月 4 日，国民政府实行币制改革。考虑到白银外流和国际市场上银价波动加大等因素，决定废止银本位制度，采用纸币流通制。规定以中央、中国、交通三大银行（1936 年 2 月以后又增加中国农民银行）所发行的纸币（原有数额共计约 4 亿圆）为“法币”，同时发行法币小面值辅币。中国后来还采用过联银券、中储券、金圆券等纸币。

20 世纪 30 年代中国的银圆（或国币）实际购买力估算如下：

例如：以主要食物的价格计算，1930 年—1936 年，大米每石 10 圆左右（当时，

1 石 =160 市斤），合每斤 6.2 分钱，猪肉每斤 2 角钱，白糖每斤 1 角钱，食盐每斤 2–5 分钱，植物油每斤 1 角 5 分钱，鸡蛋每斤 2 角钱。

（资料来源：陈明远 . 文化人的经济生活 . 上海：文汇出版社，2005:126；328–345）

后记

中国首位“菲利普·科特勒营销理论贡献奖”获得者、中山大学管理学院卢泰宏教授认为：“20 世纪是跨国公司主导全球经济的时代，21 世纪将是跨国公司主宰全球经济的世纪。跨国公司控制全球 70% 的海外直接投资和 50% 以上的商品出口，控制行业标准、核心技术和商业模式，并极大程度上决定竞争的游戏规律和发展趋势。中国入世后本土企业最重要的任务是学习—适应—创新。因此，解读跨国公司十分必要和重要。”（卢泰宏 . 跨国公司行销中国 . 广州：广东旅游出版社，2002）

2001 年 12 月 11 日，中国正式加入了世界贸易组织（WTO）。截至 2019 年，中国是全球 130 多个国家和地区的最大贸易伙伴，是国际各大跨国公司最重要的市场之一。世界 500 强公司中已有约 490 家在中国拥有投资项目。

世界上许多著名跨国公司与中国有着特殊的历史渊源。其实，早在 100 多年前这些跨国公司成立之初，也就是在中国的清末至中华民国初年，它们就积极开拓中国市场，先把产品卖到了中国，然后在中国开展一系列市场营销活动。例如：德国西门子公司、美国美孚石油公司、英国英美烟公司、英国和荷兰的亚细亚火油公司、美国奥的斯电梯公司、美国德士古石油公司、德国奔驰汽车公司、美国福特汽车公司，等等。

本书的研究对象是清末至中华民国时期在华经营的 13 家世界著名跨国公司，它们是：英美烟公司、亚细亚火油公司（现在公司名称为荷兰皇家壳牌石油公司）、德士古石油公司（现在公司名称为雪佛龙公司）、美孚石油公司（现在公司名称为埃克森美孚公司）、可口可乐公司、西门子公司、奔驰汽车公司、福特汽车、通用汽车公司、联合利华公司、奥的斯公司（现在是雷神技术公司的子公司）、柯达公司、金佰利公司等，其中前 11 家跨国公司于 2020 年仍然入选《财富》世界 500 强排行榜。

本书通过对清末与中华民国时期跨国公司在华营销史料、大量跨国公司广告的研究分析，全方位透视跨国公司清末至中华民国时期在华营销足迹，剖析跨国公司在华营销秘诀和经验得失，总结研究跨国公司在华营销成功的战略和策略，期望为中国本土企业参与国际市场竞争提供有益的营销案例启示和参考，以提升中国本土企业的国际市场竞争力。

本书在内容的编排上，按照市场营销调研、市场营销战略、产品策略、定价策略、分销策略和促销策略等这样一个体系来编写，尊重了市场营销学学科体系的完整性和系统性。

本书由昆明理工大学管理与经济学院宁德煌教授和云南师范大学教育学部张晓霞教授合作完成。张晓霞教授负责撰写第 5 章，宁德煌教授负责撰写第 1 章、第 2 章、第 3 章、第 4 章和第 6 章。

在撰写本书的过程中，作者参考了《英美烟公司在华企业资料汇编（全四册）》《美孚石油公司在中国（1870—1933）》《民国广告与民国名人》《烟画老北京 360 行》和《近代外国在华企业本土化研究：以英美烟公司为中心的考察》等等大量的历史文献、著作和期刊资料，并且援引了一些观点，在此特向有关作者表示我们最诚挚的谢意。

本书由 2020 年度云南省研究生优质课程建设项目《营销管理》（MBA）经费资助出版，特此致谢。

宁德煌

2021 年 1 月 18 日于昆明理工大学莲华苑